REFLEXIONES

Libros de Idries Shah

Estudios Sufis y literatura de Medio Oriente

Los Sufis

Caravana de sueños

El camino del Sufi

Cuentos de los derviches: *Cuentos-enseñantes milenarios*

Pensamiento y acción Sufi

**Psicología tradicional,
encuentros enseñantes y narrativas**

Pensadores de Oriente: *Estudios sobre empirismo*

La sabiduría de los idiotas

La exploración dérmica

Aprender cómo aprender: *Psicología y
espiritualidad en la vía Sufi*

Saber cómo saber

El monasterio mágico: *Filosofía analógica y práctica*

El buscador de la verdad

Observaciones

Noches con Idries Shah

El yo dominante

Disertaciones universitarias

Un escorpión perfumado (Instituto para el estudio
del conocimiento humano – ISHK – y la Universidad
de California)

Problemas especiales en el estudio
de ideas Sufis (Universidad de Sussex)

El elefante en la oscuridad: *Cristianismo,
Islam y los Sufis* (Universidad de Ginebra)

Aspectos negligidos del estudio Sufi: *Empezando a
empezar* (The New School for Social Research)

Cartas y disertaciones de Idries Shah

Ideas actuales y tradicionales
Reflexiones
El libro del libro
Una gacela velada: *Viendo cómo ver*
Iluminación especial: *El uso Sufi del humor*

Corpus del Mulá Nasrudín
Las ocurrencias del increíble Mulá Nasrudín
Las sutilezas del inimitable Mulá Nasrudín
Las hazañas del incomparable Mulá Nasrudín
El mundo de Nasrudín

Viajes y exploraciones
Destino: La Meca

Estudios sobre creencias minoritarias
El conocimiento secreto de la magia
Magia oriental

Cuentos selectos y sus trasfondos
Cuentos del mundo

Una novela
Kara Kush

Trabajos sociológicos
La Inglaterra tenebrosa
Los nativos están inquietos
El manual de los ingleses

Traducidos por Idries Shah
Los cien cuentos de la sabiduría (El *Munaqib* de Aflaki)

REFLEXIONES

Idries Shah

ISF PUBLISHING

Título original: *Reflections*
Publicado en inglés por ISF Publishing

Traducción de ISF Publishing

Las solicitudes de permisos para reimprimir,
editar, reproducir, etc., deben ser dirigidas a:
The Permissions Department
ISF Publishing
The Idries Shah Foundation
P.O. Box 71911
London NW2 9QA
United Kingdom
permissions@isf-publishing.org

ISBN 978-1-78479-948-9

Primera publicación: 1968
Edición actual: 2017

En asociación con The Idries Shah Foundation

Índice

Prefacio   xxi

Las ratas ambiciosas   1
Dramático   2
Los principios más elevados   2
Punto de vista   5
Diferente cada vez   6
La historia   8
Afecto y consideración   8
Formas del amor   9
Lo que digo   10
La ostra   11
Ahogándose   12
El relámpago y el roble   13
Causas   13
Confianza   14

Ruta indirecta	14
Sentido del humor cambiante	15
Cuanto más viejo, mejor	16
Rotulistas	16
Calor y frío	18
Inspiraciones	19
Verdad local y verdad real	19
Una liebre	20
Atención	20
Libertad	22
Las generalizaciones son peligrosas	22
Brazos y piernas	23
Función	24
Niños adultos	24
Presencia y ausencia	25
Carpintería	25
Comprensión	26
El clavo	27
Estudio	28
Perfección original	28
Humildad	29
Avispas	30

REFLEXIONES

Diferente e igual	31
Elección	32
Ocasión	32
Subordinados	35
La lagartija y la araña	36
Desconocido	37
Reporte sobre el planeta tierra	37
El demonio y el sabio	39
Desacreditando	41
Mejoramiento	42
Los dos demonios	42
Opuestos	43
Los motivos del conejo	44
Leyendo un libro	45
El líder de las cabras	46
Caldo y cocineros	47
Rata atrapada	48
"Yo"	49
El hombre rico que era un mendigo	50
El filósofo	52
Creyendo que uno sabe	53
El hombre inteligente	53

Vandalismo	55
Ser	55
Hablando	56
Anticipado	56
Resolviendo problemas	57
Virtud	58
El queso	58
La creencia y lo imposible	59
Por qué fue elegido	60
Nuevos nombres	61
Los derviches del otro mundo	62
Ingenioso y profundo	63
La razón	63
Haciendo época	64
Permanencia	64
Los sapos en el castillo	65
El hombre y el tigre	67
Pensando y sabiendo	67
El conductor, el caballo y el carruaje	68
Maestros y estudiantes	69
¿A quién le importa?	70
Tres deseos	70

REFLEXIONES

Percepciones elevadas	71
El burro y el cactus	72
Positivo y negativo	73
En la tierra de los tontos	74
Confesión	76
La araña	77
Defensiva	78
El erudito y el filósofo	79
Sugestión y atención	80
El dragón	80
Comprensión	81
Tiempo	82
Melones y cumbres	83
Gato y perro	84
Maldición y bendición	84
Perros y chacales	86
Hombre y héroe	87
Lo que soy...	88
Tabúes, totemismo, construcción de imagen	88
Demostración	89
La función de los símbolos religiosos	90

Un lema de la raza humana   91
Amigos no confiables   91
Genio   92
¡Qué caballo!   93
La respuesta a un tonto   93
Deber   94
Ambos lados   94
Comunicación   94
Poder   95
Generosidad y sabiduría   96
Exageración   97
Cuando un consejo excede su función   97
Diciendo una cosa   97
Opinión   98
El mito y el hombre   98
Credulidad   99
Pesimista   99
Persona ofendida   100
Puertas cerradas   100
Creencia   101
Los sabios y los tontos   101
Palabras y pensamiento   102

REFLEXIONES

Hablar   102

Experiencia superior   103

Tres tipos de literatura   103

Verdad   104

Estudio y método   105

Estímulos   107

Probando   108

Meditación   109

Conocimiento y poder   109

¿Demasiado tarde para aprender?   109

Dificultades en la enseñanza   110

Nacido ayer   111

Cambiar todo   111

Buscando   112

Preparación   112

Humo y fuego   112

Piel de oveja   113

Metafísica   113

Preguntas y respuestas   114

Fuera de los árboles   114

Deseo   115

La puerta se cierra   115

Milagros	116
Haciendo	117
Persona	117
Sordera	118
El ciervo	118
"Yo" y "Yo"	118
Quien espera	119
Materia prima	120
Ojos irritados	120
Trabajo duro y fácil	121
Contradicciones	121
Evolución	122
Agua y aceite	123
Materiales abarcadores	123
Atracción	124
Ambos extremos	125
Tontos	125
Desprendimiento	126
La vela	126
Amigo indigno	127
La diferencia entre decir y hacer	127
Autosatisfacción	128

REFLEXIONES

Detrás de la máquina   128

Bueno y malo   130

Tu problema   131

Libros y burros   132

Especificidad   132

O.C.M   133

La historia   133

Los sabios e ignorantes   134

"Es mejor intentar algo que nada
en absoluto"   134

Encontrar una forma de vida   135

Ejercicio intelectual   136

Reacciones   140

La oruga   142

Maniobrando   143

Pseudónimos   144

Las primeras y las últimas batallas   146

Lo que pasa adentro   147

Percepción y verdad objetiva   148

El Sheikh execrado   150

El rey sin oficio   155

El sabio y los críticos   163

El objetivo	165
El baba errante	166
Innecesario	171
Mintiendo	174
Duda	176
Correcto y halagador	176
Viabilidad	176
Sugerencia monstruosa	177
Liquen	178
El tronco y el hongo	182
El juramento del demonio	184
Delicias de una visita al infierno	189
Los monjes y la modestia	194
Dos gurúes	195
Desiertos	**200**
Sobrepeso	201
Banal	202
Leche	203
Criticando	203
Tosquedad	204
Secretos	204
Juegos	204

REFLEXIONES

Entendiendo	205
Puntos para pensar	205
Escuchado por casualidad en una fiesta	206
El talismán	206
Esperanza	207
Enemigos	207
Enseñanza	208
Perfección	208
Odio	208
La razón	209
Aforismos	209
Estímulo	209
Creencia y conocimiento	210
Sombra	210
Hecho a mano	211
Infancia	212
Opiniones	214
Experiencia desafiante	214
Esperando	215
Regla de oro	216
Atajos	216

Lo que transmite la cultura 217

Momento, lugar, forma 218

Fuera de contexto 219

Tolerancia 220

Tibias y brazos 221

Ten cuidado 222

Certeza 222

Oportunidad 223

Fines 223

Sociedad 223

Fama y esfuerzo 224

Prejuicio 224

Dejador 225

Gotas y vasos 225

Optimista y pesimista 226

Talento 226

Historia no registrada 226

¿Lo escuchaste? 228

El primer simio y las bananas 229

El segundo simio y las bananas 231

Muerte 232

Evolución 233

REFLEXIONES

Arenilla	234
Preocupado	235
La verdad	236
Conocimiento común	236
Dos religiones	237
Expectativa	238
Dando y tomando	238
Vida y desilusión	238
Tentador	239
¿Qué aprendiste?	240
Derechos	240
Gente e ideas	241
Para seres extraterrestres	241
Decisiones	242
Grande y pequeño	243
Agua más húmeda	244
Turismo	244
Juguetes	245
Recordando y olvidando	245
Avanzado	245
Encogimiento	246
Contra Dios	246

El traje nuevo del emperador   246
Digestión   247
Pensamiento versátil   247
¿Qué te crees que soy?   248
Pereza   248
La búsqueda del maestro   248

Prefacio

ÉRASE UNA VEZ, no hace tanto tiempo, un cierto edificio que estaba infestado de ratones. Los encargados decidieron matarlos.

Una noche colocaron veneno para ratones; pero a la mañana siguiente el veneno había sido comido.

"Tendremos que cambiar el tipo de veneno", dijo la gente, e hicieron otro intento.

Pero esta segunda dosis letal también fue felizmente comida por los ratones, quienes además dejaron señales de que estaban floreciendo con esta dieta.

Se decidió usar las viejas ratoneras a resorte; estas fueron cebadas con suculentos trozos de queso para tentar a los ratones resistentes al veneno.

Pero los ratones rehusaron tocar el queso.

Entonces uno de los atrapa-ratones tuvo una inspiración: recubrió los quesos de las trampas con abundante veneno. "Quizá los ratones hayan desarrollado un gusto por el veneno. Incluso hasta les esté haciendo bien", razonó.

El nuevo plan fue puesto en marcha esa misma noche. A la mañana siguiente las ratoneras estaban llenas de fuertes y saludables ratones.

De esta historia se pueden extraer toda clase de moralejas y enseñanzas; pero se la cita aquí porque es absolutamente cierta.*

¿Imaginas que las fábulas existen solamente para divertir o instruir, y que están basadas en ficciones? Las mejores son trazos de lo que sucede en la vida real, en la comunidad y en los procesos mentales del individuo.

IDRIES SHAH

* *Daily Mail*, Londres, 2 de diciembre de 1967, pág. 9, col. 3

Las ratas ambiciosas

Había una vez unas ratas.

Nada notable les sucedió, hasta que comenzaron a desarrollar ambición.

Su ambición tomó la forma de querer ser más, mucho más grandes de que lo eran en aquel entonces.

Casi todas sus actividades comenzaron a ser dirigidas hacia este fin.

Con el transcurso del tiempo comenzaron a engendrar ratas cada vez más grandes.

El primer suceso notable en su historia fue cuando los hombres, dándose cuenta de que estas eran ratas lo suficientemente grandes, comenzaron a cazarlas por sus pieles.

El segundo suceso fue cuando otros hombres se dieron cuenta de que podían atraparlas y exhibirlas como "las ratas más grandes del mundo".

El tercer suceso importante te será reportado, sin dudas, cuando ocurra.

Dramático

Un sentido bien desarrollado de lo dramático tiene valores que van más allá de lo que la gente usualmente imagina. Uno de estos es el darse cuenta de las limitaciones del sentido de lo dramático.

Los principios más elevados

Había una vez un hombre egoísta y arrogante. Él había aprendido tempranamente, sin embargo, que podía ocultar e incluso permitirse estas proclividades dañinas si las llamaba por otro nombre. Fingía predicar y practicar la perfección, y fácilmente caía en una mentalidad autoengañosa.

Encontraba defectos en los demás creyendo que estaba intentando mejorar la conducta humana en general y casos específicos en particular. La gente estaba aterrorizada con sus críticas, manifiestamente basadas en los principios más elevados de su propia cultura.

Nadie podía criticar su moralidad elevada. La sociedad a la cual él pertenecía no había previsto los casos en los cuales la moralidad se volvía enfermedad. El único rol que la comunidad pudo proveerle fue el de guardián de la ética pública.

Su exigencia de recibir nada menos que lo mejor se volvió un hábito tal en él que un día, cuando enfermó, rechazó ser tratado por médico alguno que no tuviera las más altas calificaciones clínicas y académicas.

Resulta que sufría de apendicitis: una dolencia que puede ser tratada por cualquier médico. Pero, poseído por su propia importancia, irrevocablemente vinculada a su concepción de "el mejor hombre para la tarea", comenzó a viajar de un pueblo a otro, buscando los mejores cirujanos.

Cada vez que encontraba a un doctor, temía que el hombre no fuese lo suficientemente bueno.

Por último, cuando una operación exitosa se transformó en una necesidad inmediata para salvar su vida, se hallaba en una aldea donde la única persona con algún tipo de conocimiento de anatomía era… el carnicero.

Era realmente un excelente carnicero. Pero como resultado de sus esfuerzos virilmente enérgicos e irreprochablemente dedicados, nuestro amigo el reputado hombre virtuoso para quien la segunda mejor opción era inútil, se desangró hasta morir.

Punto de vista

Saadi de Shiraz, en su Bostán, afirmó una importante verdad cuando contó esta pequeña historia:

Un hombre se encontró con otro, el cual era apuesto, inteligente y elegante. Le preguntó quién era. El otro dijo: "Soy el Diablo."

"Pero no puedes serlo", dijo el primer hombre, "pues el diablo es malvado y feo."

"Mi amigo", dijo Satanás, "has estado escuchando a mis detractores."

人
Diferente cada vez

Un maestro Sufi fue visitado por un perplejo buscador de la verdad, quien le dijo:

"Tengo solamente una pregunta para hacer. ¿Por qué es que, donde vaya, siempre me parece recibir diferentes consejos de los Sufis?"

El maestro contestó:

"Ven a caminar conmigo por este pueblo y veremos qué podemos descubrir acerca de ese misterio."

Fueron al mercado, y el Sufi preguntó al verdulero:

"Dime, ¿qué hora de oración es?"

El verdulero dijo:

"La hora de la oración matutina."

Continuaron con su caminata. Al rato el Sufi le preguntó a un sastre:

"¿Qué hora de oración es?"

El sastre contestó:

"La hora de la oración del mediodía."

Luego de pasar más tiempo en conversación y acompañando al buscador, el Sufi se aproximó a otro hombre, esta vez un encuadernador. Le preguntó:

"¿Qué hora de oración es?"

El hombre respondió:

"Ahora es el momento de la oración vespertina."

El Sufi se volvió a su compañero y dijo:

"¿Quieres continuar con el experimento, o ya estás convencido de que virtualmente la misma pregunta puede provocar respuestas completamente distintas, todas correspondiendo a la verdad actual?"

La historia

La historia no es generalmente lo que ha sucedido. La historia es lo que algunas personas han considerado significativo.

Afecto y consideración

Es posible tener un gran afecto y consideración por individuos y grupos de gente, sin reducir de ningún modo la propia consciencia de su pobre capacidad actual para entender y preservar su herencia.

El presente estado de ignorancia acerca de culturas distantes y pasadas no es exclusiva de este tiempo. Desafortunadamente, sin embargo, la gente de nuestro tiempo no está empleando sus recursos superiores para recobrar y desarrollar los remanentes de un conocimiento más amplio que era poseído en otros lugares y también en otras épocas.

Esto sucede porque, aunque las herramientas y la libertad general están allí por primera vez, el deseo, la resolución y la amplitud de miras están ausentes, también por primera vez.

Por ende el legado está en riesgo. Por primera vez.

Formas del amor

Un hombre decidió una vez que toda la perfección y la belleza estaban en un árbol. Daba frutos, cobijo, materiales para manufacturas. Hacía todo esto, también, sin aparentemente hacer demanda alguna. Estaba allí para "buenos" propósitos. Así que le enseñó a la gente que el "árbol" era "bueno".

Con el tiempo, todos acudieron a rezar en los bosques y alamedas, y amaron a los árboles. Esta preocupación desvió la mayor parte de la atención humana durante quizá diez mil años. Esta gente confundió lo inmediato con lo Real. Así sucede con las ideas actuales del hombre acerca del amor.

Sus ideas más sublimes sobre el amor, si acaso lo conociera, pueden ser llamadas las más bajas de las percepciones posibles del amor verdadero.

Lo que digo

Si estás desinteresado en lo que digo, hay un final para ello.

Si te gusta lo que digo, por favor intenta comprender cuáles influencias previas han hecho que te agrade.

Si te gustan algunas de las cosas que digo, y te disgustan otras, podrías intentar entender por qué.

Si te disgusta todo lo que digo, ¿por qué no intentas averiguar qué formó tu actitud?

La ostra

Una ostra, yaciendo abierta sobre el lecho marino, sintió que una perla suelta se deslizaba sobre ella.

La ostra cerró su concha, y la perla cayó dentro de la grieta de una roca.

Luego de un esfuerzo tremendo, la ostra logró recobrar la perla y la colocó justo a su lado sobre una hoja.

"Este soborno quizá evite que los pescadores de perlas me lleven", pensó, ya que algo sabía acerca de los hombres que buscaban perlas.

Sin embargo, cuando un pescador de perlas se acercó, sus ojos estaban alerta para distinguir ostras, no perlas sueltas por ahí.

Entonces tomó la ostra, la cual resulta que no tenía perla alguna… y la verdadera perla se fue rodando. Aún no ha sido redescubierta.

Ahogándose

Ahogarse en melaza es tan desagradable como ahogarse en barro.

Hoy la gente está en peligro de ahogarse en información; pero, dado que se les ha enseñado que la información es útil, están dispuestos a ahogarse más de lo necesario.

Si pudieran manejar la información, no tendrían que ahogarse en absoluto.

El relámpago y el roble

El relámpago le dijo al roble: "¡Apártate o aguanta lo que te viene!"

Causas

Un hecho tan importante como cualquier causa individual sobre la tierra es la virtual incapacidad del ser humano de distinguir entre una causa genuina y una que le es impuesta por presión, ambiente, propaganda, condicionamiento.

Si la gente tuviese el juicio que pretende tener, buscaría los medios para hacer perceptible esta distinción fundamental.

Casi nadie hace este esfuerzo. Esto en parte es así porque una porción invisible pero poderosa de su cultura es el enseñar que la emocionalidad condicionada, y las "causas" cuya necesidad o urgencia o corrección le son inculcadas, resultan ser, necesariamente, correctas.

Confianza

Nadie debería decir: "Puedo confiar", o "No puedo confiar" hasta que sea dueño de la opción de confiar o no confiar.

Ruta indirecta

Un hombre trabajó durante muchos años buscando la forma de volverse famoso.

Finalmente, cuando hubo amasado una gran fortuna y fue capaz de contratar los servicios de un especialista en relaciones públicas, se dio cuenta a qué podría haber apuntado desde el principio.

Sentido del humor cambiante

Es alentador que afirmaciones que se creen tan improbables para ser citadas como errores literarios humorísticos pueden, en menos de diez años, ser consideradas serias e incluso perspicaces.

Este es un ejemplo de uno de esos "fallos garrafales".

"La fe es el atributo por el cual creemos lo que de otro modo consideraríamos falso."*

* Cecil Hunt, *The Best Howler*, Londres, 1949, pág. 36.

Cuanto más viejo, mejor

La intrusión de la doctrina "cuanto más viejo, mejor" es una característica de la irracionalidad que en algún momento debe brotar en gente que está esforzándose afanosamente por ser racional.

Rotulistas

¿Por qué son anónimos los rotulistas? Para poder entender esto, tenemos que ir hacia atrás en la historia.

En un tiempo, verás, los rotulistas no eran anónimos.

La gente solía respetarlos y aplaudirlos; y también utilizaban sus letreros y carteles para informarse y guiarse.

Pero después de un tiempo, los roles de la gente, los letreros y los rotulistas, perdieron su equilibrio.

"¿Por qué hiciste esa flecha tan grande?", comenzó a preguntar la gente; y "Este letrero solamente expresa la personalidad del artista… no le haré caso a su contenido."

Y así sucesivamente.

Pues bien, como la gente ahora estaba más interesada en las personas que en las cosas, sin ser capaces de profundizar sus conocimientos acerca de la gente, había que tomar una decisión: si los letreros o los escritores eran más necesarios o más importantes.

Es por ello que los rotulistas son en su mayoría anónimos…

Ahora se están volviendo más conocidos nuevamente.

Calor y frío

Un día, el calor y el frío llegaron a la conclusión de que estaban demasiado alejados:

"La coexistencia es la respuesta", resolvieron.

Ambos creyeron que el nuevo arreglo estaba bien, y se apiñaron confortándose mutuamente, hasta que ambos escucharon a alguien decir:

"¿No es extraño que hoy en día nada sea ni caliente ni frío? La única temperatura que parece existir es la templada."

Así que se separaron, y lo único templado que se podía encontrar después de eso estaba en cosas aún no calientes, o en vías de enfriarse.

Inspiraciones

Las personas que hablan o actúan de un modo normal son aquellas que muy probablemente hayan sido destinatarias de experiencias más elevadas. Pero dado que estas no andan enfurecidas por ahí con ojos desorbitados, la gente cree que son personas muy normales y por lo tanto no conscientes de nada desconocido para el hombre común y corriente.

Verdad local y verdad real

La existencia de una verdad relativa no prueba la inexistencia de la verdad universal.

Una liebre

Había una vez una liebre que estaba orgullosa de tener orejas tan finas y largas.

Se dio cuenta, sin embargo, de que las puntas se le congelaban en los días muy fríos.

Entonces decidió mantener los ojos bien abiertos en todo momento para así poder ver a tiempo la llegada del frío para evitarlo.

Atención

La gente demanda atención. El tipo de atención correcta en momentos propicios lleva al mantenimiento de un individuo floreciente. La ignorancia de la necesidad de atención lleva a demasiada, o demasiada poca, ingesta de atención.

La ignorancia del factor de atención también lleva a confundir la demanda de atención, con otra cosa. Esta otra cosa es lo social, lo psicológico u otro ritual que la gente cree que es la razón esencial para el contacto humano; de hecho, es solo un ingrediente del contacto e intercambio humano.

Es un error básico imaginar que solo un ser humano puede estar involucrado en la situación de atención. Algunas de las situaciones de atención más importantes conciernen a fuentes reales o imaginadas además de las de humanas.

Libertad

"Siempre consideré las alternativas", dijo la oveja: "puedo masticar o puedo morder."

Las generalizaciones son peligrosas

A menudo se afirma que las generalizaciones son peligrosas. Esto es cierto, pero solo cuando *es* cierto. Las generalizaciones son útiles, incluso esenciales, en determinadas situaciones; peligrosas en otras. Decir: "Los automóviles son peligrosos", es útil para un niño durante un período de su vida. Después de eso puede transformarse en una barrera para cruzar la calle. En ese punto se proveen otras generalizaciones para proteger al niño por un tiempo o para llevarlo hacia una etapa siguiente rumbo al aprendizaje.

Gran parte de la vida y del pensamiento humano requieren el uso inteligente de las generalizaciones; lo que incluye utilizarlas, modificarlas y reemplazarlas.

Brazos y piernas

Mucha gente que no puede llegar más alto cree que sus brazos deberían ser más largos. En algunos casos puedes ver que son sus piernas las que son demasiado cortas.

Función

"Pensar que nunca me di cuenta de qué buen tope de puerta sería", se dijo el pesado libro a sí mismo, asentándose.

Niños adultos

Muchos problemas surgen en culturas actuales porque numerosos adultos se comportan como infantes, ya que es parte de la convención tratar dicho comportamiento como el de… adultos.

Esta gente todavía es educable, aunque su educación tenga que ser similar a aquella que se da a los niños. Suponemos superficialmente que el conocimiento "natural" o "básico" ya se encuentra en los niños. Extrañamente, suponemos que los adultos saben muchas cosas que en realidad ignoran.

Presencia y ausencia

Cierta persona puede tener, como dices, una presencia maravillosa; no lo sé. Lo que sí sé es que tiene una ausencia perfectamente encantadora.

Carpintería

Entré a una carpintería. "¿Por qué está rota tu puerta?", dije.

"La gente acude al carpintero para que le haga su trabajo, no a preguntar acerca del suyo", dijo.

Un tiempo después vi a otro carpintero en su taller.

"¿Por qué tu mesa tiene solo tres patas?", pregunté.

"No me había dado cuenta de ello", dijo.

Y hubo, en otra ocasión, otro ebanista.

"El marco de tu ventana está astillado, y lo ha estado por algún tiempo", le dije.

"Estoy demasiado ocupado para arreglarlo", contestó, "he estado haciendo sillas para vender."

Comprensión

El hombre no tiene una capacidad de comprensión instantánea.

Es tan raro el conocimiento de cómo entrenar esto, que la mayoría de la gente y casi todas las instituciones han en cambio consensuado aprovecharse de la propensión del hombre al condicionamiento y al adoctrinamiento.

El fin de ese camino es el hormiguero; o en el mejor de los casos, la colmena.

El clavo

Un hombre y un clavo tuvieron una conversación.

El clavo dijo:

"A menudo me he preguntado, durante mis años clavado a esta tabla, cuál habrá de ser mi destino."

El hombre dijo:

"Latente en tu situación puede haber un arrancamiento con pinzas, la madera quemándose y una caída, la pudrición de la tabla … ¡tantas cosas!"

Dijo el clavo:

"¡Debería haberme dado cuenta de que no tendría que hacer preguntas tan tontas! Nadie puede prever ni siquiera una sola cosa que quizá suceda en el futuro, menos aún una variedad de ellas y todas tan diferentes e improbables."

Y esperó, habiendo aprendido esta sabiduría de clavo, a que alguien pasara por allí; alguien que hablara inteligentemente, y no lo amenazara.

Estudio

La práctica del estudio hace, con demasiada frecuencia, que la gente sea mera repetidora y productora de clichés y dichos. Tal estudio ha sido casi completamente desperdiciado. Pero el producto ha tomado la forma en que lo encontramos porque es un injerto inapropiado sobre una base no preparada.

Perfección original

Era amarillo, regordete y suave; su superficie quebrada, sus movimientos torpes, estaba lleno de incertidumbre, codicia y hambre.

Su principal deseo era alcanzar un estado en el cual no querría nada, ni necesitaría hacer movimiento alguno, y presentaría al mundo una cara suave, uniforme y delicadamente satisfecha.

No se dio cuenta de que era un pollito que quería ser un huevo.

Humildad

La humildad no puede ser enseñada por medio de la propaganda, aunque la esclavitud sí. Clamar humildad es una forma de arrogancia. Uno de mis recuerdos más perdurables es el de un sacerdote que, durante una ceremonia religiosa, rugía de la manera más amenazadora imaginable:

"¡Oh, nuestro Señor Dios, muy *humildemente* rezamos…!"

La verdadera humildad no es siempre lo mismo que la humildad aparente. Recuerda que luchar contra la arrogancia sigue siendo luchar; y que tenderá a suprimirla temporariamente: no cura nada.

Recuerda, también, que la humildad en sí misma no trae una recompensa automática: es un medio hacia un fin; le posibilita a una persona funcionar de una determinada manera.

Avispas

Una vez, un rey que les temía a las avispas decretó su abolición.

En realidad, no lo lastimaron. Pero, con el tiempo, fue mortalmente picado por escorpiones.

Diferente e igual

Suponiendo por un momento que tú no fueras tú mismo sino un visitante entre los hombres, ignorante de sus formas de comportamiento y de sus hábitos elaborados de autoengaño.

Una de las primeras cosas que notarías es que una gran parte del tiempo de esta gente es usado en pensar y actuar tal como las demás personas, mientras que a la vez afirman enérgicamente que son "diferentes".

Tú concluirías que esta predilección provino de una deformación del pensamiento, y que fue una grave barrera para hacer uso aun de las cosas que sí entienden.

Esto da lugar a una de las mayores costumbres de la tribu humana: "Simulemos, y olvidemos que estamos simulando, para entonces poder negarlo conscientemente."

Elección

La palabra "elección" es un fraude mientras la gente elija solo lo que le han enseñado a elegir.

Ocasión

Un hombre llamado Aslam se encontró un día siguiendo lo que supuso era un cortejo nupcial.

Exclamó:

"¡Alégrense por esta feliz ocasión!"

Pero, dado que se trataba de un funeral, los dolientes lo agarraron y lo reprobaron enérgicamente.

"¿Qué era correcto decir?", preguntó.

"Deberías haber dicho: 'Misericordia para con él'", le contestaron.

Poco después pasó otra procesión, mientras Aslam seguía memorizando su frase.

"¡Misericordia para con él!", gritó.

Pero era un cortejo nupcial, y los invitados lo reprendieron severamente, diciéndole:

"Entérate de que deberías haber dicho: '¡Qué ocasión tan auspiciosa!'"

Lo adiestraron hasta que supo la frase al dedillo, y luego lo dejaron ir.

Otro grupo de gente se le acercó, y él exclamó:

"¡Qué ocasión tan auspiciosa!"

Enfurecieron: "Estamos perdidos y no sabemos el camino, ¡y tú llamas a eso una ocasión auspiciosa!"

Entonces le pegaron un poco; luego dijeron:

"¿Puedes indicarnos el camino a tal y tal lugar?"

"Yo mismo soy un forastero aquí", dijo Aslam.

Lo molieron a golpes, y luego le explicaron: "No usamos la palabra 'forastero'; trae mala suerte."

"Bueno, entonces", dijo, "no soy 'forastero'." Al mencionar la palabra "forastero", comenzaron a pegarle otra vez.

Luego llegó la policía. Lo llevaron a la corte y lo multaron: porque en ese pueblo, una persona que no fuese forastera y no orientase a viajantes honestos era culpable de un crimen.

"Este es el lugar para mí", dijo Aslam en voz alta cuando lo soltaron, "porque estoy aprendiendo muchas cosas que antes desconocía."

Pero alguien lo oyó por casualidad, y fue arrestado nuevamente pues, según las tradiciones de aquel país, era social y legalmente incorrecto decir: "Este es el lugar para mí".

Apenas lo pusieron en libertad, Aslam exclamó: "¡Este no es el lugar para mí!"

Entonces lo agarraron y encarcelaron por criticar a la comunidad o emitir juicios que probablemente causarían insatisfacción social.

Subordinados

Casi todos los días recuerdo la reflexión de Saadi: no existe una tiranía tan absurda como la de los subordinados.

La lagartija y la araña

Una lagartija y una araña se encontraron. La lagartija dijo: "¿Qué comes?", y la araña respondió: "Moscas."

"Yo también", dijo la lagartija, "parece que somos compañeras adecuadas."

Comenzaron a vivir juntas.

Una noche estaban fuera cazando moscas. Un gato se aproximó; justo antes de que se abalanzara sobre ella, la lagartija le gritó a la araña:

"Un gato me va a atrapar, ¿qué debo hacer?"

La araña contestó:

"Teje una tela y escapa hacia este agujerito en el cual estoy yo."

Mientras la lagartija trataba de entender esto, el gato la atrapó.

Desconocido

Hay, literalmente, miles de personas sabias, desconocidas para la persona común. Enseñan de una manera que no es reconocida como enseñanza por el rebaño. Continuamente influyen sobre el ser humano.

La gente que responde a figuras de autoridad y cosas extrañas es incapaz de establecer contacto con ellos. Otra gente carece de información y preparación.

Reporte sobre el planeta tierra

Un cuerpo de seres celestiales que querían desarrollar su influencia sobre la gente de la Tierra, comisionó a un investigador independiente y con experiencia para que los proveyera de un informe de factibilidad.

Cuando volvió, dijo:

"He aquí un completo análisis de la situación. Para llegarle a la humanidad, deben prometerle felicidad a aquellos que estén tristes, y amenazarlos con la angustia a aquellos que estén felices. Todos tendrán que ser expuestos a la tensión, ansiedad, alegría y repetición. Se los debe inducir a creer, cuando sean hipócritas, que son honestos y sencillos. Ustedes también santificarán la autoindulgencia al hacer que la gente disfrute del sufrimiento; y luego les dirán que no lo están gozando, porque es un castigo."

"¡Pero esto es atroz!", exclamaron los celestiales. "Nunca podríamos hacer eso. Transformar a la gente en autómatas, manipularlos…"

"Ahora escuchen", dijo el experto: "¿Quieren extender su territorio, o no? Si planean expandirse en este campo, deben recordar que – por miles de años – sus competidores se les han adelantado. Están bien establecidos allí, y tienen éxito; de hecho hay apenas unas pocas, bastante insignificantes, excepciones…"

El demonio y el sabio

Un día, un demonio estaba sentado frente a la casa de un sabio cuando un Buscador de la Verdad llegó a la puerta.

"¡Ah!", pensó el diablo, "debo desempolvar mis tentaciones."

Entonces preparó todo tipo de trampas y las transmitió a la mente del discípulo: evocó imágenes de fama y prosperidad, de dignidad y honor, de poder y placeres.

Pero el devoto, a través de sus largos años de estudio y disciplina, había adquirido defensas contra todas estas cosas, y las contuvo dominándolas apenas entraron en su cabeza.

Luego fue ante la presencia del Maestro. El demonio se arrastró invisiblemente dentro de la habitación, y observó. El Buscador de la Verdad primero notó que el maestro estaba sentado en el piso, y le agradó: "Este es efectivamente un hombre humilde", pensó.

Luego se dio cuenta de que el sabio no le estaba prestando atención en absoluto. Comenzó a preguntarse si este era, después de todo, el hombre para él. Luego vio que el sabio vestía ropas que eran diferentes a aquellas que él esperaba, y su fe en él comenzó a flaquear. Cuando el maestro hubo pronunciado una pocas palabras, el aspirante a discípulo se dio cuenta en seguida de que no le gustaba para nada.

Abandonó la casa, diciendo: "Mi búsqueda aún debe continuar."

Cuando desaparecía en la distancia, el maestro, a través de sus facultades internas, le habló al demonio, diciendo: "No tendrías que haberte preocupado, embaucador: era tuyo desde el comienzo, ¿sabes?."

Desacreditando

Érase una vez gente que solía establecerse como figuras autoritativas, y entonces eran respetadas durante siglos e incluso milenios.

Luego llegó la era del descrédito, la cual aún está con nosotros. La gente comenzó a desacreditar casi tan pronto como una reputación era erigida.

Pero hay otra fase ahora: la gente está siendo desacreditada casi antes de hacerse famosa.

Mejoramiento

Si quieres hacer feliz a un hombre común, o hacerle creer que es feliz, dale dinero, poder, halagos, regalos, honores.

Si quieres hacer feliz a un hombre sabio… ¡mejórate a ti mismo!

Los dos demonios

Un diablo joven le dijo a uno mayor:

"¡Si solo pudiésemos evitar que el hombre usara su intelecto soberano!

¿No podemos diseñar un plan para bloquear sus esfuerzos hacia el autodesarrollo?"

El mayor contestó:

"Hijo mío, ¡ya ha sido hecho! El hombre fue convencido hace eones de que posee elección y un intelecto soberano como una especie de don. Desde entonces, salvo algunas insignificantes excepciones, ha cesado de escuchar a cualquiera que diga que el ser humano tiene un intelecto real a la espera de ser desarrollado."

Opuestos

Trata de recordar, como un correctivo contra suposiciones automáticas, la historia del derviche sabio y la madre.

Una mujer llevaba a su niño cuesta abajo cuando vio lo que parecía un venerable derviche, y le pidió que bendijera a su hijo.

Enseguida él comenzó a maldecirlo.

Esto la hizo llorar amargamente, y considerar al hombre como absolutamente malvado.

Lo que ella no sabía de él era que pertenecía a un reino donde las cosas siempre se hacían al revés.

Los motivos del conejo

Un zorro corría por un calvero, cuando vio a un conejo entrando a una madriguera como un rayo.

Mientras el conejo se hallaba allí sentado, temblando, el zorro fue hacia la entrada del agujero. Dijo:

"¿Tienes miedo?"

"No miedo en el sentido usual", dijo el conejo, "pero estoy meditando sobre los males de las criaturas y mis propias deficiencias, mis pecados y mi necesidad de hacer el bien…"

Siguió así un buen rato, pues a esta altura se había realmente convencido de que algún poder superior lo había afectado.

El zorro, tremendamente aburrido, siguió su camino.

¿Y el conejo? Se transformó en el padre fundador de los divinos conejos, que pasaban alternadamente su tiempo asustándose a sí mismos, individualmente; y unos a otros, colectivamente.

Leyendo un libro

La gente dice que quiere aprender, pero si no saben cómo y no quieren aprender el cómo, nadie puede hacer mucho más que informarles acerca de los hechos.

Recuerda el hombre que, cuando se le dijo de leer un libro, comentó: "No, ya probé eso una vez y no funcionó."

El líder de las cabras

Algunas cabras que estaban pastando vieron un león a lo lejos.

Unas pocas se alarmaron y corrieron hacia el líder de la manada en busca de su ayuda e interpretación.

El león se acercó aún más, miró a las cabras y rugió.

"No hace falta preocuparse", dijo el líder de las cabras, "y puedo probarlo: ¡miren qué feo color tiene su pelaje! Y en cuanto a su balido, se puede decir que él nunca llegará a nada."

Caldo y cocineros

Un hombre me contó cuánto tiempo y esfuerzo había gastado en ir de un gurú a otro.

"Demasiados cocineros, supongo que me dirás, estropean el caldo", dijo.

Él pensó que yo era un tipo de gurú como esos que abundan públicamente. Entre esta abundancia de gurúes, frecuentemente me toman también por uno de ellos.

La consecuencia de ser el renuente receptor de numerosas confidencias de numerosos gurúes, es el haberme dado cuenta de que el reverso del proverbio es muy trágicamente cierto.

Puede confiadamente enunciarse que:

"Demasiados caldos arruinan a los cocineros."

Rata atrapada

Un día, una rata quedó atrapada en un rocoso laberinto natural.

Los pasadizos eran tan serpenteantes y confusos, y las entradas tan pocas y tan pequeñas, que esta rata, con el transcurso del tiempo, se volvió más y más frenética, más flaca, feroz y obsesionada por la necesidad de atacar cualquier cosa que, según imaginaba, la había lanzado a este destino.

Sucedió que justo en el momento en que era lo suficientemente flaca como para pasar por una abertura hacia la libertad, un perro aterrorizaba allí a toda la comunidad de las ratas.

Cuando apareció la rata atrapada, le echó una mirada al perro y, delante de las ratas reunidas, saltó sobre él y le hincó sus dientes en la vena yugular.

Fue, por supuesto, unánimemente elegida "la rata más grande de todos los tiempos."

Ahora esta rata era un héroe. ¿Significa esto que los héroes verdaderos no existen, que todo es accidente? No; pero sí quiere decir que cuando las ratas están atrapadas intentarán, y creerán, cualquier cosa.

"Yo"

Contempla mucho menos el "yo progresaré", que el "yo" obstaculizo "*mi* camino".

El hombre rico que era un mendigo

Érase una vez, y esta es una historia verdadera, un hombre rico. Había heredado una vasta riqueza. Guardándolo todo y reteniendo solo lo necesario para la travesía, viajó a un país donde no era conocido para ver si, de no haber nacido rico, habría sido capaz de hacer su fortuna.

Luego de muchas vicisitudes, este hombre amasó grandes riquezas y se probó a sí mismo que realmente tenía el talento para hacer dinero. Pero, en el proceso, aprendió muchas otras cosas.

Ahora tenía muchísimo dinero y quería regalarlo para que fuese compartido con aquellos que tenían poco. Recordó que, si fuese a dividir su dinero en partes iguales y diese un poco a cada persona en el mundo, no alcanzaría siquiera para dar una fracción de un grano de alimento a cada uno de ellos.

Entonces decidió hacer una prueba: "Daré a aquellos con quienes me encuentre y resulten ser generosos", pensó.

Vistiendo como mendigo, fue a varios países donde era desconocido; se hizo amigo de la gente y les pidió préstamos. Mendigó de puerta en puerta en algunos lugares. Aceptó trabajos insignificantes y los hizo durante un tiempo; y continuamente tomaba notas de la gente que era generosa, la gente que no se aprovechaba de su supuesta pobreza.

Pasó veinte años en esta búsqueda. Al cabo de este tiempo volvió al lugar donde su tesoro estaba oculto, y recompensó mil veces a todos lo que habían sido buenos con él; a aquellos que lo habían rechazado, los dejó abandonados a su inevitable fin.

El filósofo

Estoy agradecido de que el fanatismo mismo de algunos académicos sea de valor para la causa de la sanidad, se den cuenta de esto o no.

Cierto ilustre filósofo, evidentemente frustrado por mis respuestas a sus preguntas, me rugió un día ante la presencia de unas sesenta personas que hasta ese momento lo habían respetado como a una persona objetiva:

"¿Quién te crees que eres? ¡Uno de tus libros es más largo que el Nuevo Testamento!"

Creyendo que uno sabe

La gente que cree que lo sabe todo es a menudo tan insufrible… como aquellos que imaginan que no saben nada.

El hombre inteligente

Un niño, de futuro promisorio, era tan inteligente que sus padres y maestros lo alentaban a que se interesase por igual en cualquier cosa que le llamara la atención, siempre que demostraba estar atraído hacia eso.

Años más tarde, habiendo probado cien artes distintas y todos los habituales caminos al éxito, estaba sin un centavo y en la miseria: decidió tomar un trabajo.

Hallándose en la oficina de un millonario, pronto se dio cuenta de que este era bastante estúpido y capaz de entender sólo una idea por vez.

"El trabajo es suyo", dijo el millonario.

"Gracias", dijo el hombre brillante, "pero me gustaría hacerle solamente una pregunta."

"¿Y cuál es?"

"He leído muchísimo acerca de usted, cómo entiende todo lo que ve, y cómo su extraordinaria energía y amplios intereses lo han convertido en lo que es. Pero no me parece que usted sea así en absoluto. Incluso yo he tratado ser así desde niño y… míreme."

"No lo tomes tan mal, hijo", dijo el magnate, "pero los millonarios como yo le pagamos a la gente para que escriba cosas así. En primer lugar nos adula, en segundo lugar nos asegura una buena provisión de trabajadores como tú mismo: gente que no ha dado la talla."

Vandalismo

Un perro que por casualidad se hallaba de un humor especialmente virtuoso, vio a un gato persiguiendo a un ratón.

"¿No puede alguien", preguntó el perro a un compañero, "hacer algo para terminar con este tipo de vandalismo?"

Ser

Está:

Lo que uno quiere saber y quiere ser.
Y también:
Lo que uno *puede* saber y *puede* ser.
Niega estas limitaciones, y la gente te dará lo que quieras.

Afírmalas, y habrás ejercitado real egoísmo: diciendo la verdad.

Hablando

Quiero que te cuides, porque la próxima vez que te vea quiero hablarte *a* ti, no *sobre* ti.

Y cuando ya no tenga que hablarte a ti, quiero poder hablar sobre ti, para la edificación de otros.

Anticipado

Un estudiante estaba pasando un tiempo en compañía de un sabio.

"Si alguien dijese: 'Párate sobre tu cabeza y lograrás la felicidad eterna', algunas personas lo harían", dijo el estudiante; "la gente está sedienta de indicaciones, sin importar lo inapropiadas que sean."

"Hijo mío", contestó el sabio, "eso es precisamente lo que la mayoría ha estado haciendo los últimos diez mil años."

Resolviendo problemas

Ningún problema puede realmente resolverse con el mero suponer que puede ser resuelto y que su solución yace en el trabajo duro; y menos aún que su solución yazca en la inacción. Sin embargo, los hechos parecen tan opuestos que los agitadores y falsos místicos usan el argumento resolvedor-de-problemas para mantener ocupada a la gente. Las soluciones llegan a través del conocimiento: tan es así, que donde hay verdadero conocimiento no hay un verdadero problema.

Virtud

Si tu propio vicio resulta ser la búsqueda de la virtud, reconócelo.

El queso

Érase una vez un queso. Una cantidad de ácaros del queso se instalaron en él. Con el correr del tiempo perforaron más y más agujeros en el queso y, por supuesto, se multiplicaron.

Entonces, un día, había tantos agujeros en el queso que se deshizo en polvo, dejando a los ácaros corriendo confusamente entre las ruinas de su hogar.

"¿Quién es el traidor responsable de esto?", gritaron los ácaros.

Formaron partidos, cada uno opuesto al otro, cuyos objetivos eran restaurar la anterior situación ideal.

Algunos ácaros, es cierto, encontraron otro queso. Pero en cuanto a la mayoría... está consumiendo bastante rápidamente lo que queda del queso en polvo.

La creencia y lo imposible

Hay un dicho: "Lo creo porque es imposible."*

Pero si haces cualquier estudio de la gente en un estado de aquello que les complace llamar "creencia", encontrarás que generalmente puedes describirlos mejor diciendo:

"Lo creo porque soy imposible",
e incluso: "Mi creencia me ha vuelto
imposible."

* Credo quia impossibile.

Por qué fue elegido

El discípulo de un maestro derviche
cuyo nombre resonaba de un extremo
al otro del Islam, visitó un día al Gran
Sheikh de Khorasán.

"He sido honrado por mi aceptación
como pupilo", dijo, "elegido entre los
cientos que se acercan a mi maestro
todos los días y que sin embargo son
rechazados."

"Mi querido hermano", dijo el
Gran Sheikh, "trataré de impulsar
tu educación dándote un trozo de
información esencial. Fuiste elegido

pues estás sumamente necesitado de enseñanza, no por tener cualidades mayores que las de los otros aspirantes."

Nuevos nombres

La gente da nombres nuevos a cosas e incluso a otras personas: esto les hace creer que son distintas de lo que eran antes.

Tomemos un ejemplo neutral.

¿Se han dado cuenta de que aún actualmente la mayoría de los edificios están hechos de barro, pero la gente no acepta que vive en casas de barro?

Cada casa es también una imitación de una cueva, pero como no tenemos una buena opinión de los cavernícolas, entonces las llamamos casas.

Los derviches del otro mundo

Tres derviches volvieron del Otro Mundo. La gente, comprendiendo que habían sido alterados y queriendo seguir su camino, preguntó qué los había ayudado.

"Budines", dijo el primero.

"El Libro de la Sabiduría", dijo el segundo.

"Seguir solamente a cierto hombre", dijo el tercero.

Algunos creyeron que estaban locos; algunos creyeron que deliberadamente hablaban en enigmas; algunos creyeron que este o aquel Camino era el que debía seguirse.

En realidad, sin embargo, cada uno se había beneficiado por su propia capacidad y necesidad según ciertos patrones que son únicamente conocidos por los hombres de mayor sabiduría.

Ingenioso y profundo

Las afirmaciones que meramente son ingeniosas y que no tienen potencial de desarrollo, a menudo se las imagina profundas porque parecen o suenan atractivas; y observaciones profundas que efectivamente tienen potencial de desarrollo son también frecuentemente consideradas como no más que ingeniosas.

La razón

El gato dijo:

   "¡Qué caras raras tienen los ratones! Es por eso que tengo que destruirlos."

Haciendo época

Las personas que sienten necesario describir su actividad como haciendo época son a menudo ilusas. Tratan de hacer épocas porque de esta manera su propia importancia será creada o aumentada en la mente de los demás.

Lo que realmente cuenta es el efecto: no el tamaño o el ruido; ni las personalidades; ni siquiera el sentido de lo colosal.

Permanencia

Alguien citó el proverbio: "Nada violento es permanente."

Qué linda esperanza. Estoy seguro de que todo el mundo estaría de acuerdo con esto.

Es una lástima que el creador de este dicho no le haya permitido a sus oyentes adentrarse más en su sabiduría, dándoles un ejemplo de algo que *sea* permanente.

Los sapos en el castillo

Una vez, en un sueño, vi una comunidad de sapos completamente admirables. Habiendo tomado el mando, hicieron su hogar en un castillo que, para mí, obviamente había sido originalmente construido por hombres.

Yo hablaba su lengua, en mi sueño, y les pedí que me explicaran, a modo de información, los orígenes y usos de las varias partes de su castillo.

Eran sapos amables y hospitalarios, y me dieron detalles completos de sus vidas y pensamientos y la forma en que se usaba el edificio.

Cada aspecto del castillo y sus alrededores, incluyendo el foso y los pantanos y los juncales entre los cuales estaba ubicado, tenían un uso totalmente plausible y en teoría un origen a partir de los sapos, revelando un pensamiento de sapo y un diseño de sapo... concluyente para la mente de sapo.

Dije: "Hermanos, perdonen mi aparente descortesía. Pero este lugar fue formado, diseñado y erigido por otros seres. Fue destinado para propósitos bastante diferentes de los que han mencionado."

Algunos no me escucharon para nada. La idea era tan extraña que apenas si la registraron. Algunos dijeron, escuetamente: "Eres un mentiroso, o un tramposo."

Otros, tratando de ayudarme, se dijeron entre sí: "Pobre tipo, está completamente loco."

Eso, por supuesto, acabó conmigo.

El hombre y el tigre

Un hombre, perseguido por un tigre hambriento, se volvió desesperadamente para enfrentarlo y clamó:

"¿Por qué no me dejas en paz?"

El tigre contestó:

"¿Por qué no dejas *tú* de ser tan apetecible?"

Pensando y sabiendo

La gente cree que piensa cosas, y también cree que sabe cosas.

Podrían útilmente prestarle atención a la cuestión de si saben lo que piensan, y si saben lo que creen que saben.

El conductor, el caballo y el carruaje

Un día un conductor pensó: "Dejaré que el caballo y el carruaje vayan donde quieran, pues quizá esté esforzándome demasiado por ser el hombre que controla."

Todo fue bien por un tiempo, dado que el caballo llevó al carruaje por la ruta acostumbrada. Pero cuando el conductor quiso que fuera por otro camino, no pasó nada.

"Necesito más fuerza de voluntad y menos disciplina", se dijo el hombre.

Un día el caballo pensó: "¿Por qué debería obedecer?" Y comenzó a tirar del carruaje cómo, cuándo y hacia donde quería. El hombre lo vendió a alguien que efectivamente lo tuvo a rienda corta.

Mas en otra ocasión el carruaje pensó: "Voy a reivindicar mi independencia. En ocasiones mis ruedas girarán, en otras las trabaré. A veces crujiré, a veces no. Y aflojaré y contraeré mis clavos cómo y cuándo quiera."

El carruaje, declarado inseguro, fue hachado para leña.

Maestros y estudiantes

A menudo la gente dice: "Debo encontrar un maestro que lo sepa todo."

Al menos algunos de dichos maestros han comenzado por aprender sabiduría de los ignorantes, así como algunos aprenden conducta de los maleducados.

Muchos aspirantes harían bien en comenzar con ese punto.

Cuando has sido tu propio maestro por un tiempo, puede que estés listo para encontrar a alguien que pueda enseñarte.

¿A quién le importa?

No es solo una cuestión de que no importa quién sabe: es también una cuestión de saber a quién le importa.

Tres deseos

Un hombre, luego de muchos años de estudio y esfuerzo, descubrió cómo obtener poder sobre los espíritus: conjuró a un genio.

El genio le concedió tres deseos.

Inmediatamente deseó dinero.

Luego de haberlo gastado todo viviendo a lo grande, se volvió alcohólico.

Su segundo deseo fue para volverse a sentir bien.

Entonces se sintió tan indeciso sobre qué hacer, que usó su tercer deseo para volver a su estado original y olvidar sus experiencias.

Percepciones elevadas

La gente imagina que las percepciones elevadas pueden alcanzarse mediante el desarrollo de un cierto sentido interior.

Pero cuando una persona ha estado trabajando demasiado en el desarrollo de cierto sentido interior, es necesario enseñarle por otro método.

Este método incluye el concepto de que el sentido puede ser activado a través de la *exclusión* de los factores que inhiben su funcionamiento.

Alimenta y ejercita a un león en una jaula: puede que obtengas un buen y robusto león. Para cumplir su destino, es posible que debamos desviar nuestra atención del león hacia... la jaula.

El burro y el cactus

Un burro masticaba cactus.

Un perro se acercó y dijo: "¿Qué estás comiendo?"

"La más deliciosa de las comidas", dijo el burro.

El perro le dio un mordisco.

"Maldito traidor", gritó, "me has engañado deliberadamente y ahora mi boca está llena de espinas. El gusto de este abominable vegetal no se parece en nada a la jugosa carne en la cual estaba pensando."

Positivo y negativo

La forma en que se expresa una afirmación no es lo que la hace negativa o positiva. Es positiva o negativa de acuerdo a su significado, no su apariencia.

Un "no" que es constructivo es mucho mejor que un "sí" que no lo es.

Puesto que "no" es algo que a la gente no le gusta por haberlo oído a menudo durante su infancia, tienden a comportarse como si fuese algo malo: es decir, desagradable para ellos. Está a solo un paso (aunque un paso incorrecto) de poder ser denominado "negativo" y por lo tanto, no constructivo.

En la tierra de los tontos

Había una vez tres hombres sabios. Pertenecían a un lugar conocido como Fuzulistán: la Tierra de los Tontos. Pero este, por supuesto, era apenas el nombre que le daban sus poco caritativos vecinos. Los habitantes la llamaban el País de la Civilización.

Estos tres hombres sabios decidieron emprender un viaje pues, como todos saben, viajar amplía la mente e incluso los más instruidos pueden beneficiarse de la experiencia.

Poco después de cruzar la frontera se encontraron con un objeto poco común. Era un minarete que se elevaba hacia el cielo.

"Ah", dijo el primer sabio. "He aquí un objeto que merece ser observado. Les haré una prueba. ¿Cómo llegó este objeto a estar aquí, y cuál fue la forma en que se construyó?"

El segundo hombre sabio dijo: "Evidentemente es una planta o un árbol muerto. Creció de una semilla, o incluso de cierto tipo de huevo."

El tercer hombre sabio disintió: "En absoluto. Esto fue obviamente construido. Debe de haber sido edificado longitudinalmente sobre la tierra, y luego levantado a su actual posición."

"Ambos están equivocados", dijo el primer hombre sabio, "ya que es evidente que fue construido por una raza de gigantes. Eran lo suficientemente altos como para agacharse y ubicar esta cosa aquí en su actual posición."

Concluyeron, después de las debidas consultas, que la expedición debía tomar las precauciones adecuadas para

preserverse de los gigantes que, después
de todo, podían ser peligrosos.

Confesión

"La confesión es buena para el alma",
es un sentimiento admirable.

Es valioso porque ilustra claramente
algo que sus practicantes generalmente
van a tratar de esconder por todos los
medios: que aquí no están hablando
acerca de un alma en absoluto.

Quieren decir: "No tengo una
concepción del alma, y por lo tanto
no atribuyo el placer que me provoca
la confesión a su fuente verdadera
(la descarga de un exceso de energía
emocional), sino a algo sublime."

Este es un buen ejemplo de la
información real que podemos recopilar
del lenguaje oculto del hombre.

Cualquier cantidad de argumentos reconfortantes podrían, desde luego, hallarse para negar o desechar este hecho. No hay daño en escuchar los argumentos, siempre y cuando estés preparado para prestarle la misma atención a la observación de otras personas, para determinar qué hecho o argumento es más digno de confianza.

La araña

Un niño, diseccionando una araña, descubrió que le quedaban una cantidad de partes: había patas, un cuerpo y pelaje.

Siendo un niño lógico, concluyó que las patas eran de un camello porque los camellos tienen patas, el cuerpo de un elefante y el pelaje de un ratón.

Ahora bien, un adulto jamás razonaría así, ¿no?

Defensiva

Cuando a la gente se le dice cosas que no quiere escuchar, producen o toman prestados ciertos argumentos comunes que les permiten excluir la nueva información de sus mentes relativamente cerradas.

Puedes contrarrestar útilmente esta tendencia recordando que la mayor parte de la información desconocida seguramente será recibida con esta respuesta.

Recuerda, también, que las cosas que ya sabes son en su mayoría hechos que parecerían imposibles, improbables o incluso síntomas de paranoia para un hombre o mujer de un nivel cultural más bajo que el tuyo.

Es este tipo de comprensión, no la reacción emocional, la cual te posibilitará a ti y a otros enfrentar la verdad, y aprender más.

El erudito y el filósofo

Un erudito fue un día a visitar a un filósofo práctico, para determinar los orígenes de su sistema.

Apenas hecha la pregunta, el maestro le alcanzó al académico un delicioso durazno. Cuando se lo hubo comido, el maestro preguntó si quería otro. El erudito comió el segundo durazno.

Entonces el filósofo dijo:

"¿Te interesa saber dónde creció este durazno?"

"No", dijo el erudito.

"Esa es tu respuesta acerca de mi sistema", dijo el maestro.

Sugestión y atención

El efecto de una sugestión tiende a ser proporcional al prestigio de la fuente de la sugestión.

El prestigio en sí mismo es "atención acumulada"; atención acumulada y congelada.

La fijación de la atención no requiere la presencia del objeto. Incluso puede suceder, desarrollarse y fijarse mediante la ausencia del objeto.

El dragón

"Es un dragón que todo lo destruye", gritaron las hormigas.

Entonces un gato se abalanzó y atrapó... una lagartija.

Comprensión

Uno no puede garantizar la comprensión humana, pero puede ayudar a desarrollarla.

Puedes, sin embargo, permitirle a otros comprender apenas un poquito más allá de lo que tú mismo eres capaz de comprender.

Es por esto que la herencia humana de materiales de estudio está tan infrautilizada: los instructores están transmitiendo solamente lo que pueden... no lo que hay.

Comprender un nivel de materiales es solo una etapa en el paso a otros niveles. Transigir con la propia ignorancia suponiendo que no hay un nivel superior es una debilidad grave. Retiene a otros, hace que uno confunda el vehículo con el contenido, y es una operación oculta de autoestima.

Creer que la comprensión superior es algo que no está disponible para la persona común es una mezcla del legado de una cultura pesimista y, paradójicamente, también de la autoestima; manifestada en "si no lo entiendo, no hay nada que entender", y "si no me gusta, no sirve para nada."

Tiempo

Dos microbios dijeron:

"Puede que no parezcamos muchos, pero solo esperen un poquito."

Melones y cumbres

Si alguien te dice:

"¿Crecen a menudo los melones en las cimas de las montañas?": ¿Imaginas que esto pretende ser un intento de sumar información al stock del indagador, y que está interesado en melones y en las cimas de las montañas?

Aquellos que no toman tales comentarios con su intención literal, curiosamente, casi nunca van más allá de la suposición de que estos quizá no sean otra cosa que comentarios absurdos o retóricos.

Lo valioso de esta ilustración es que muestra cómo la gente puede aplicar solamente tres interpretaciones posibles: literal, absurdo o retórico.

Ciertamente tienen la capacidad de examinar afirmaciones desde otros ángulos. Pero, dado que no se les ha enseñado cómo hacerlo, no son capaces – pues son demasiado vagos – de aportar cualquier otro punto de vista, aun experimentalmente.

Gato y perro

Un gato y un perro peleaban. Un hombre les preguntó qué estaban haciendo.

Dijeron: "El ganador decidirá cuál de los dos es una rata."

"Ambos están equivocados", dijo el hombre.

Entonces lo atacaron violentamente hasta que se dio a la fuga.

Maldición y bendición

En el Medio Oriente, una de las más grandes bendiciones (que es también una maldición) puede ser hallada en los comentarios de las enseñanzas de los maestros espirituales.

Son bendiciones para aquellos que las recibieron en el momento apropiado, y maldiciones para aquellos que desde entonces han luchado con ellas después de que se volvieron anacrónicas.

Poca gente comería un pedazo de carne podrida o un vegetal que se ha vuelto un fósil. Pero casi nadie ha descubierto aún el problema equivalente en la literatura y el tradicionalismo.

Deja que algo llegue a ser conocido como valioso o sublime, y la avaricia de la gente hará el resto. Aunque el fósil rompa sus dientes y la carne pútrida los envenene, continuarán fielmente con sus comentarios obsoletos.

Perros y chacales

Un hombre que había partido de cacería mandó a su perro amarillo a buscar algo escondido detrás de un árbol. El can persiguió a un chacal llevándolo a una posición donde el cazador podía dispararle.

El moribundo chacal le dijo al perro parado sobre él: "¿Nunca has oído el proverbio persa, 'El perro amarillo es hermano del chacal'?"

"Sí, efectivamente lo he oído", dijo el perro, "pero estás un poco desactualizado. 'Hermandad', para los más civilizados, está conectado a entrenamiento e identidad de interés."

Hombre y héroe

El hombre es realmente un héroe. En todos lados lo encontrarás luchando por la libertad y oponiéndose a su reducción.

Pero muy a menudo está obviamente luchando, al mismo tiempo y con la misma fuerza, por su propia esclavización.

Estar obsesionado con la idea de libertad, por ejemplo, es en sí misma una forma de esclavitud. Tales personas están encadenadas a la esperanza de libertad, y por lo tanto, son apenas capaces de hacer poquito más que forcejear con ellas.

Lo que soy...

Un hombre se sentó en su cuarto, pensando. Dijo en voz alta:

"Soy lo que puedo hacer de mí: ¡qué desafío! ¡Qué visiones, qué oportunidades!"

Un arrugado pedazo de papel que estaba tirado en un rincón, lo escuchó. Se dijo a sí mismo:

"Qué excelente saber que mis propios sentimientos son compartidos por otros. ¡Efectivamente esta es una situación inspiradora!"

Tabúes, totemismo, construcción de imagen

Hace ya un tiempo se ha puesto de moda que los investigadores se deleiten en observar y reportar la manifestación local de estas cosas.

Es útil neutralizar la naturaleza parroquial de la mayoría de dichos estudios recordando que estas peculiaridades son conspiraciones de las cuales forma parte toda la raza humana.

La observación indica que los tabúes, el totemismo y la construcción de imagen son tendencias fuertemente evidenciadas en las teorías, acción y exégesis de aquellos que creen que solo las están describiendo.

Demostración

Se narra que el Mulá Nasrudín intentó una vez caminar a lo largo de una pared muy alta, que solo tenía 8 cm de ancho.

Una muchedumbre se había reunido mientras él trepaba hacia la parte superior. Cuando cayó y se torció un tobillo, la gente corrió hacia él tratando de averiguar qué había estado haciendo.

"He estado demostrando", dijo Nasrudín, "que no se puede caminar a lo largo de un muro alto y extremadamente estrecho, sin caer y torcerse algo."

La función de los símbolos religiosos

Cuando hoy ves un símbolo religioso tradicional, generalmente estás mirando una pieza de un aparato técnico (o la representación de uno) cuyo uso ha sido olvidado, sobre todo por los descendientes de sus propios diseñadores originales. Esto generalmente se debe al aumento de la superstición de que algo hermoso o de significado asociativo tiene que evocar sentimentalismo, y que la función es menos sublime que la emoción. La cosa es, de hecho, al revés.

Un lema de la raza humana

Déjame hacer lo que quiera, y también dame tu aprobación.

Amigos no confiables

No necesitas preguntarte si deberías tener a una persona no confiable como amiga. Una persona no confiable no es amiga de nadie.

Genio

Toma nota de estos comentarios sobre el genio, a menudo citados pero no investigados:

"Genio (que significa la trascendente capacidad de tomarse el trabajo)"*, y:

"Genio es un uno por ciento de inspiración y un noventa y nueve por ciento de transpiración."**

En estos dichos hay una característica principal del genio que es ignorada o suprimida. Ambos dejan fuera la cuestión de la *manera*.

Con estas recetas no obtendrás genio.

El genio, para poder funcionar, necesita el conocimiento de la manera.

* Thomas Carlyle, m. 1882.

** Thomas Edison, m. 1931.

¡Qué caballo!

Hay un cierto tipo de caballo que supera a todos los demás en velocidad. Realmente te lleva a tu destino. Sin embargo, cuando derrapa al frenar, el jinete es arrojado por sobre su cabeza y generalmente se rompe el cráneo.

La respuesta a un tonto

El proverbio dice que "La respuesta a un tonto es el silencio".

La observación, sin embargo, indica que casi cualquier otra respuesta tendrá el mismo efecto a largo plazo.

Deber

Ningún deber es innoble. Lo que puede ser innoble es la escena de gente tratando de no ser innoble.

Ambos lados

Ver "ambos lados" de un problema es la forma más segura de evitar su solución total; porque siempre hay más de dos lados.

Comunicación

Durante mucho tiempo la gente ha venido sosteniendo que la falla de la sociedad es el fracaso en la comunicación.

Muchos de ellos no han tenido nada que comunicar más que la afirmación de que no pueden comunicarse.

Esto lo han comunicado con suficiente efectividad.

Poder

La gente dice, porque la frase les atrae:

"El poder corrompe, el poder absoluto corrompe absolutamente."*

Esto, sin embargo, ni elimina ni hace comprensibles a las personas poderosas.

El aspirante a honrado debería ser capaz de saborear los sentimientos de la gente dotada de poder.

En lugar de estar asqueado por lo siguiente, debería ser capaz de percibirlo:

"El poder es un deleite para aquellos a quienes deleita: el poder absoluto, para ellos, parecería absolutamente deleitable."

* Acton, primer barón, m. 1902, versión original: "El poder tiende a corromper, y el poder absoluto corrompe absolutamente… No hay peor herejía que la de que el cargo público santifica a su poseedor…".

Generosidad y sabiduría

¿Cómo están conectadas la generosidad y la sabiduría?

He aquí una forma:

Una persona generosa puede no tener sabiduría; pero, a diferencia de otros, tiene los medios para obtenerla.

Exageración

La exageración es una peculiaridad habitual del ser humano. El despreciar es a menudo una forma de exageración que la gente no advierte, porque parece ser lo opuesto.

Cuando un consejo excede su función

Un consejo es inestimable; cuando se vuelve interferencia, es absurdo.

Diciendo una cosa

No es importante haber dicho una cosa primero, o mejor… o incluso de una manera muy interesante. Lo que es importante es decirla en el momento oportuno.

Opinión

La opinión es algo que tienen las personas cuando carecen de información exhaustiva.

El mito y el hombre

El hombre es un hacedor de mitos.

El mito, cuando manipulado por no-regenerados, es incluso un más efectivo hacedor de hombres.

El hombre (tal como él imagina ser) es, en general, una posibilidad, no un hecho.

Para la mayoría de la gente, el tipo de hombre que ellos imaginan que existe, o el que ellos mismos suponen ser, aún no existe.

Credulidad

Aprende a ser tan analítico con las cosas en las que crees, como lo eres con las que criticas.

Pesimista

Un pesimista egocéntrico es una persona que cree no haber cambiado, pero que los demás se comportan peor que antes.

Persona ofendida

Una persona mirando la hora en un reloj que se ha quedado sin pila, y alguien se lo señala: esa es una persona ofendida.

Puertas cerradas

La gente dice a menudo que una puerta hacia algo está, o ha sido, cerrada.

Sin embargo, ¿estarían realmente dispuestos a investigar si también está cerrada con llave?

Cuando realmente enfrentas un problema y lo ves claramente, te das cuenta de que no es la puerta ni su cierre lo importante, sino la presencia y condición de una cerradura.

Esta es una razón para informarles a aquellas culturas pesimistas que imaginan que su herencia es el optimismo y el responder constructivamente a desafíos, que necesitan visión.

Una respuesta basada en datos inadecuados no es una respuesta.

Creencia

Si crees en todo, no crees en absolutamente nada.

Los sabios y los tontos

Los tontos esperan ser honrados por los sabios.

Pero si los sabios honran a los tontos es debido a razones insospechadas por los mismos tontos.

Una escena frecuente y entretenida es la de algunos tontos buscando honores de otros tontos. Se torna incluso más divertido cuando estos les son negados.

Palabras y pensamiento

Las palabras son un aspecto del intento de comunicación del pensamiento. No son pensamiento. Cuando vemos palabras descriptas como "pensamientos", deberíamos asegurarnos de que conocemos esta distinción.

Hablar

No lo conoces en absoluto: así que puedes hablar mal de él.

Lo conoces un poco: y puedes jactarte de ello.

Lo conoces bien: ahora puedes hablar mal de él otra vez.

Experiencia superior

Las personas que han sido profundamente afectadas por haber tenido una "experiencia interna superior" deberían considerar la afirmación:

"Cuando Dios quiere destruir a una hormiga, le da alas."

Tres tipos de literatura

Toma nota de estos tres tipos de literatura:

La primera es la literatura fáctica, cuya intención es proveer información.

La segunda es la literatura efímera, cuya función principal es entretener.

La tercera es la literatura específica, diseñada para ayudar a desarrollar capacidades en un cierto tipo de lectores.

La literatura que entretiene también puede contener materiales de enseñanza.

Verdad

Una cosa, una idea, una afirmación, es verdadera únicamente en el momento y el lugar donde continúa siendo válida. Algo es verdadero según su contexto. La ausencia de contexto significa la ausencia de verdad en el sentido a través del cual el pensamiento humano la entiende.

Estudio y método

El estudio es una cuestión de tener la información y el conocimiento de cómo estudiar, qué estudiar en cada momento dado, y qué no estudiar. También es esencial, para que cualquier avance más allá de los niveles educativos ordinarios sea eficaz, que uno sepa o que sea capaz de aplicar bajo una guía, la cuestión de con quién estudiar.

El estudio al azar no es estudio. Estudiar cosas porque parecen estar dentro del campo de uno, o simplemente porque lo atraen a uno, no es un verdadero estudio.

La buena disciplina es parte del estudio, y existe para poder llevarlo a cabo: porque es el indisciplinado, no el disciplinado, quien estudia por demás y quien amasa información que realmente no puede digerir en todos sus niveles. La disciplina también le permite a una persona focalizarse en el estudio y luego retirarle la atención, y abstenerse de él cuando no es lo indicado para el mejoramiento de sus facultades superiores.

A pesar de que no debemos acobardarnos ante el significado evidente de los materiales estudiados, en el plano fáctico, tenemos que darnos cuenta de que hay dimensiones cualitativas en el estudio cuyo funcionamiento depende del conocimiento de ellos. Quienes no saben esto tienen que aprenderlo. Luego, tienen que encontrar a alguien o alguna institución que sepa cómo hacerlo, y que esté dispuesta y sea capaz de comunicarlo de una forma práctica.

Estímulos

Cuando una persona tiene un paladar ahíto necesita, como todos sabemos, más y más picantes y probablemente estímulos gustativos más variados para activarlo.

En las culturas actuales, el resultado de la sobre-estimulación del paladar mental es hoy obvio.

La analogía del paladar, sin embargo, no es completamente exacta, porque la mente humana tiene capacidades de "gusto" que en las sociedades contemporáneas no están satisfechas en absoluto.

La falta de este estímulo se debe a que no se advierte que, en esta área, un estímulo no necesita ser intenso para poder actuar.

El resultado de esta ignorancia es que la gente no le dará la oportunidad de actuar a un estímulo "suave", e intentará alcanzar cualquier cosa que parezca ser más capaz de ofrecer estímulos instantáneos o fuertes.

Dicha gente casi se ha puesto completamente fuera del radio de los estímulos menos groseros. Es solo cuando están preparados para considerar la posibilidad de su existencia, y preparados también para probar su funcionamiento, que se pueden comunicar con ellos.

No podemos progresar con una exigencia como esta: "Dame chile molido, pero que tenga sabor a agua de rosas."

Probando

Quien prueba, sabe.

Pero quien solo cree que prueba… no dejará a nadie en paz.

Meditación

La meditación sin concentración ni contemplación no es muy diferente al agua sin humedad ni frío.

Conocimiento y poder

El conocimiento es poder, dicen.

Pero si solo el poder fuese conocimiento, eso sería algo en lo que valdría la pena pensar.

¿Demasiado tarde para aprender?

Si a los proverbios se los hubiese mantenido en las condiciones adecuadas, se habría registrado que:

"Nunca es tarde para aprender"...
algunas cosas.

Siempre es tarde para aprender...
otras cosas.

Dificultades en la enseñanza

Ha habido comunidades y grupos
comprometidos a los cuales se les han
dado materiales equivalentes a miles
de años de enseñanza, y apenas lo han
notado.

Esto ocurre por la misma razón que
las personas frenéticamente voraces
quizá ni siquiera recuerden lo que han
comido... o si han comido.

Nacido ayer

¿Han notado cuánta gente dice "no nací ayer" y actúa como si apenas hubiese nacido hoy?

Cambiar todo

Si fuese posible sobrevivir sin comida habría personas que urgirían su abolición. Si uno pudiese vivir sin ojos con algún grado de comodidad, habría personas que afirmarían que eran la raíz de todos los males. Si el tiempo pudiese abolirse, habría personas tratando de lograrlo, aduciendo que debemos tener cambios y no apegarnos a errores anticuados.

Buscando

Tú dices que has venido a buscar.

No tengo nada que darte excepto la forma de comprender cómo buscar: pero tú crees que ya puedes hacerlo.

Preparación

Para poder digerir alimentos, una persona necesita un estómago.

¿Quién se preocupa en inquirir, sin embargo, si un aspirante a sabio está correspondientemente bien preparado?

Humo y fuego

El hombre que primero dijo:

"No hay humo sin fuego", puede haber estado describiendo el estado de su tecnología contemporánea, no enunciando una verdad.

Piel de oveja

Cuando visites a una oveja, no uses un sombrero de piel de cordero y digas ser su amigo.

Metafísica

No sé cómo es con otros temas, pero sí sé que mucha gente que imagina ser capaz de hablar y pensar sobre metafísica, no la reconocerían si la encontraran en su sopa.

IDRIES SHAH

Preguntas y respuestas

Una de las grandes diferencias entre las
preguntas y las respuestas es que una
pregunta puede ser formulada en casi
cualquier momento y lugar, pero su
respuesta puede llegar en un momento
y lugar especial.

Fuera de los árboles

La gente dice:

"Apenas ayer, por así decirlo, el
hombre bajó de los árboles. Por lo
tanto, ¿cómo puede él ser algo de
especial importancia?"

Y sin embargo raramente dicen:

"Mira a ese hombre allí. Hace
apenas un rato, digamos, yacía ocho
horas inerte en su cama. ¿Cómo,

entonces, puede él ser algo de especial importancia?"

Deseo

El deseo sin orientación es un juego. Qué lástima que la gente lo transforme en hipocresía al simular que es una cosa superior. Cuando un juego se está jugando, no existe nada superior en ese momento para los jugadores.

La puerta se cierra

Cuando hay un portazo, la gente, atraída por el ruido, mira hacia la puerta.

Qué pocos se dan cuenta de que es en ese momento que quizá, en cambio, deberían estar mirando a otra puerta abriéndose, o preparándose para abrir una.

Milagros

Los llamados milagros, en los cuales la gente cree o no, tienen una función bastante distinta de la que imaginan los emocionalistas. Son inútiles si solo impresionan emocionalmente.

Son, en realidad, o bien derivados e indicios de algún logro adicional, o existen para ser registrados interiormente por un órgano especial de reconocimiento.

Haciendo

Mira atentamente cómo una persona hace algo. Estarás en una posición para ver lo que *realmente* está tratando de hacer.

Si solamente le preguntas, o inquieres a un experto dedicado, mereces todo lo que recibes.

Persona

No existe la persona intrascendente. Pero lo que se ha hecho a sí misma, y lo que le han hecho… eso puede volverla intrascendente.

Sordera

He descubierto un remedio maravilloso para muchas formas de sordera: se llama "elogio".

El ciervo

Cuando el león se hubo saciado y los chacales tomado su parte, vinieron las hormigas y terminaron la carne de los huesos del arrogante ciervo.

"Yo" y "Yo"

Muchas personas tratan de evitar el uso de la palabra "yo", para mostrar o practicar humildad. La consecuencia de esto es obsesionarse con el concepto del "yo". Obtienen el efecto contrario al previsto originalmente.

Lo que *es* importante es saber cuál "yo" está involucrado en cualquier acto o afirmación. Esto se logra solamente por medio de la experiencia de los varios "yoes" en una persona.

Quien espera

Dicen, como sabes, que a quien espera todo le llega.

No se nos dice, por supuesto, lo que finalmente le sucede a este individuo bien dotado.

Pero, ¡qué perspectivas! No "a quien espera le llega lo que quiere". No "lo que necesita"… sino *todas* las cosas!

Materia prima

Escucha al hombre: cree que se valora a sí mismo por sobre todas las cosas. Y sin embargo, se trata a sí mismo y a sus semejantes como la materia prima más barata del mundo.

Ojos irritados

"Un espectáculo para ojos irritados"* es una frase interesante.

Ya que ningún espectáculo ha jamás beneficiado a un ojo irritado, supongo que podríamos interpretar que el significado del incidente carece de utilidad.

---

* Lamentablemente, en ocasiones, la traducción literal de un refrán popular hace que el texto

original pierda todo sentido: *A sight for sore eyes* (un espectáculo para ojos irritados), es el equivalente inglés del *Benditos (o dichosos) los ojos que te ven.*

Trabajo duro y fácil

Prescribir trabajo duro para los blandos o fácil para los fuertes, es generalmente una tontería. Lo que siempre se necesita para cualquier objetivo es el esfuerzo correcto, el momento adecuado, las personas apropiadas, los materiales justos.

Contradicciones

Recuerda que las cosas que te parecen mutuamente contradictorias son, para la filosofía real, apenas eso debido al punto de vista del momento en que se las observa.

Así como un niño o un idiota no pueden darse cuenta de cómo es posible soplar calor y frío – calor para calentarse las manos y frío para enfriar la sopa –, el cerebro humano subdesarrollado solamente puede pensar en esquemas análogamente primitivos.

Evolución

Una persona es deficiente en comprensión hasta que percibe que existe todo un ciclo de evolución posible dentro de sí misma, repitiéndose constantemente, ofreciendo oportunidades para el desarrollo personal.

Agua y aceite

El agua y el aceite tienen muchas más características en común de lo que se nos querría hacer creer por quien haya enmarcado la frase pretendiendo ilustrar diferencias por medio de estas dos sustancias.

Materiales abarcadores

Si se te da algo para estudiar, considera atentamente las condiciones que se adjuntan al estudio. Es decir, estudiarlo en el momento y lugar para el cual fue prescripto. Los materiales y la forma de estudio pueden perfectamente violar los hábitos de estudio que te hayas formado en el pasado.

Si tienes la intención de estudiar algo abarcador de un modo ignorantemente selectivo, harías bien en ni siquiera empezar.

Atracción

Todos conocemos individuos que se sienten atraídos a personas e ideas, bien porque se les asemejan o bien porque de alguna manera son sus opuestos.

La razón de la atracción original se transforma muy fácilmente en una barrera. Puede haber algo en la persona o en la idea que podría beneficiar al atraído: pero este factor no puede afectar ventajosamente a la persona atraída, cuando esta aún obtiene satisfacciones del placer menor de ser o pensar igual (o distinto) que otra persona.

Puede que comas una cereza porque te gusta su sabor. Sin embargo, jamás va a tener valor nutritivo si la mantienes en tu boca todo el tiempo.

El estudio apropiado de este argumento es sumamente importante.

Ambos extremos

Se nos implora no encender la vela por ambos extremos.

Pero, ¿cuántas personas han verificado que ello es físicamente posible?

Tontos

Dicen que no hay peor tonto que un tonto viejo.

Sin embargo, he observado unos cuantos: eran, casualmente, tontos jóvenes.

Desprendimiento

Trata de calzar los zapatos que usabas cuando tenías 2, 4 o 6 años. Tendrás un problema similar si tratas, por ejemplo, de seguir un libro de prescripciones escrito en siríaco.

Si no hay desprendimiento, no hay crecimiento fresco.

Si no operamos a la manera de hoy, en el mejor de los casos reproduciremos efectos diseñados para personas de ayer.

La vela

"Esta vela arde cien horas", dijo el comerciante al ciego.

"No sé cómo arde, pero sí sé acerca de su utilidad para mí", dijo el ciego.

Amigo indigno

Él es generoso con lo que tú tienes, y ahorrativo con cualquier cosa que sea suya. Estas prácticas gemelas te han demostrado que es indigno.

Sin embargo, él aún te puede convencer de lo contrario porque la gente cree fácilmente en meras palabras y ansían atención: le dan la bienvenida a las acciones impostoras.

La palabra, por lo tanto, está hablando más fuerte que la acción.

La diferencia entre decir y hacer

Una observación bastante común es: "Se necesita todo tipo de personas para hacer un mundo".

Esto bien puede ser cierto: pero si lo es, ¿dónde están todas esas personas?

Autosatisfacción

Si la autosatisfacción sigue a un logro, no fue un logro en absoluto si se lo compara con lo que podría haber sido.

La depresión después de un supuesto fracaso significa que el intento fue estructurado erróneamente: ningún intento real tuvo lugar... independientemente de cuánto parezca que sí lo hubo.

Detrás de la máquina

El hombre está por lo general unos pasos detrás de sus propios inventos.

Aún existen muchas personas que son veneradas como figuras autoritativas simplemente porque pueden realizar cosas que las máquinas hacen con más facilidad. Un ejemplo común es el asombro que la gente expresa cuando se encuentran con alguien que únicamente tiene capacidad de asociación o una buena memoria, a menudo atestada de datos irrelevantes.

Esto recuerda al refrán: "El hombre no es una máquina", frecuentemente utilizado por personas cuyo trabajo y acciones tienden más y más a convertir a los hombres en máquinas.

No es casual que aquellas culturas que con mayor fuerza y más a menudo afirman el valor y la individualidad del hombre son las que más hacen por automatizarlo.

Bueno y malo

No existe un maestro filosófico ni un sistema que te diga de hacer otra cosa que no sea el bien. Probablemente se te aconsejará luchar contra lo que es malo.

Esta es la primera lección, por supuesto. Pero uno debería querer ir más allá.

Las lecciones subsiguientes no son enseñadas mediante principios inflexibles o por cultivación ordinaria, ni por ejercicios estandarizados.

Las lecciones subsiguientes tratan todas sobre lo que es bueno y lo que es malo: en las sucesivas etapas de la vida de una persona; en las distintas épocas de una cultura; en las variadas expresiones de una enseñanza.

Esto solo se puede aprender de exponentes de una escuela

contemporánea, enraizada en el pasado más antiguo, que lo expresa en instituciones diseñadas para ser eficaces. Estas no están hechas por el valor de la atracción ni para la robustez del vehículo.

Tu problema

He escuchado todo lo que tenías para decirme acerca de tus problemas.

Me preguntas qué hacer con ellos.

En mi opinión, tu verdadero problema es que eres un ejemplar de la raza humana.

Enfrenta ese primero.

Libros y burros

Cualquiera puede ver que un asno cargado de libros sigue siendo un burro. Un ser humano cargado con los resultados indigestos de un forcejeo con pensamientos y libros, sin embargo, aún pasa por sabio.

Especificidad

El análisis de una situación es una cosa, la prescripción del remedio, cuando es indicado, es otra.

La capacidad de diagnóstico no prueba la habilidad terapéutica.

Al tratar condiciones humanas, el procedimiento casi siempre tiene que ser específico, no general.

O.C.M

O.C.M significa Operación para la Confortación Mutua. Uno no puede comprender las complejas (y demás) ventajas de las relaciones humanas sin conocer la cantidad y cualidad de la confortación mutua inherente a cualquier contacto social.

La historia

El momento oportuno, el lugar correcto, las personas adecuadas... equivale a éxito.

El momento inoportuno, el lugar incorrecto, las personas inadecuadas... equivale a la mayor parte de la verdadera historia de la humanidad.

Los sabios e ignorantes

Cuando los ignorantes se han vuelto numerosos o suficientemente poderosos, se los denomina con un nombre especial. Este nombre es "los Sabios".

"Es mejor intentar algo que nada en absoluto"

Esta afirmación espantosa es válida solo en los campos más restringidos.

Un poquito de radioactividad puede ser peor que ninguna.

Intenta cruzar un desierto cuya extensión es de treinta días de viaje con raciones de agua para diez días, y entonces fíjate si la suposición mencionada aplica.

Proclamar, no importa con cuánto optimismo, que el camino a la muerte es un camino a la vida, no altera el resultado si se lo intenta sin más conocimiento que ese.

Encontrar una forma de vida

Una suposición primitivamente dañina subyace tras el pensamiento que la mayoría de la gente tiene acerca del "conocimiento superior". Como resultado, hacen las preguntas equivocadas sobre él.

Pueden suponer que los estudios interiores son una forma de vida. Son, en efecto, un *medio* que produce la forma de vida adecuada para cada individuo.

Si aplicas técnicas psicológicas a tu vida diaria, puede que hagas progresos.

Pero deben ser aquellas que pertenezcan al momento. Y si no son apropiadas, probablemente habrás, a fin de cuentas, perdido muchísimo.

A mucha gente le sirve más el autodesarrollo, el cual apunta a transformar su vida exterior. Pero este no es un estudio "superior".

Ejercicio intelectual

Un día fui invitado al encantador hogar de un célebre erudito. También se encontraban presentes una cantidad de amigos suyos y de su mujer, todos acostumbrados al estudio intensivo tanto del pensamiento humano tradicional como del contemporáneo.

Luego de la cena, cuando nos reunimos en la sala de estar y la atmósfera ya había sido preparada por tres horas de estimulante ejercicio intelectual, el gran hombre aclaró su garganta, acercó su silla y se dirigió a mí. Podía ver, por la expectación pintada en cada uno de los rostros, que este era el momento esperado de la velada.

"He leído tal y tal libro suyo", dijo, "y no necesito ocultarle que en absoluto considero que sea lo que pretende ser: su material y argumentación son deficientes, y su contenido no justifica su título."

"Me siento realmente agradecido de que se haya tomado tanta molestia con mi mediocre trabajo", dije.

"Me gustaría mucho escuchar qué tiene para decir en su defensa", dijo el académico.

Le dije que en las asambleas de los eruditos era costumbre, tal como se me había informado, tener argumentos detallados antes de ser capaz de intentar defenderse uno mismo, y ni hablar de intentar refutarlos. ¿Se dignaría él a decirme con detalle qué no le había gustado de mi obra?

Sí, y lo hizo de forma muy detallada. Mostró gran familiaridad con mi tema, citó libro tras libro para dar el punto de vista de otras personas, y en general exhibió un virtuosismo que ciertamente impresionó al resto del grupo.

Todo esto tomó cerca de hora y media; tiempo durante el cual yo, junto con los demás presentes, permanecí en silencio.

Cuando hubo terminado, le dije:

"Ciertamente usted ha cubierto ese campo de una forma asombrosamente impresionante. Su descripción de mis materiales y los argumentos en su contra fue toda una experiencia. Ojalá yo fuese capaz de hacerle tal honor a mis propios argumentos al defenderlos, pero creo que carezco de su pericia académica."

Luego le pregunté si, de estar en mi lugar, podría reunir argumentos tan impresionantes desde mi punto de vista. Cuando dijo que podría hacerlo, simplemente le pregunté si nos otorgaría el honor de escucharlo.

El resultado fue que en poco menos de una hora (tan entusiasmado estaba él por su elocuencia y el deleite de ejercitar su intelecto) logró demoler, punto por punto, su propio argumento contra mi libro.

Pero lo realmente extraño fue que el resto de los invitados, acostumbrados a rendir culto en el templo de este hombre indudablemente impresionante, lo felicitó por su notable intelecto; y nadie pareció notar que él había hecho el trabajo por mí, y en el proceso se había refutado a sí mismo y a todas las autoridades citadas.

Realmente espero estar equivocado al sospechar que habría ganado la misma cantidad de adulación si hubiera estado recitando (de memoria, por supuesto), la guía telefónica de Londres.

Reacciones

Los psicólogos han notado, con algo de razón, que cuando las personas son culpables de algo pueden reaccionar fuertemente contra ello, creyendo que su actitud está enraizada en otras razones. Todos sabemos, además, que una reacción enérgica bien puede nada tener que ver con el tema que aparentemente provoca la reacción; deberíamos observar estas cosas.

Pero también hay otro tipo de reacción. Las personas que están acostumbradas a ser estimuladas por impactos burdos o rígidos se sienten extrañas cuando se les acerca un impacto a menudo más valioso pero generalmente más delicado. Tienden a evitar el contacto con esto mediante el simple pretexto de llamarlo "banal", o "poco interesante".

Un sentido de anticlímax ha de ser observado. Frecuentemente puede ser causado por la deseable desilusión de una indeseable expectativa.

No puedes tener la certeza de ser capaz de localizar la expectativa que era incorrecta, o incluso las suposiciones que te hacen reaccionar de esta manera. Pero tú puedes observarte a ti mismo reaccionando de este modo. Este es un prerrequisito indispensable del

entrenamiento para volverse realmente
sensible a impresiones esenciales. Se lo
denomina "observación".

La oruga

Si uno pudiera decirle a una oruga:

"¡Eras un huevo, y te transformarás
en una mariposa!"

Ella respondería:

"¡Bruto!", o sino: "Estás imaginando
cosas, o buscas trastornarme", o
también: "Quiero ser una ahora, en este
instante."

O podría decir: "¿Quién eres tú para
decirme tales cosas?"

O, una vez más: "Sí, demuéstramelo
mientras trepo por este árbol."

Maniobrando

Muchos problemas individuales relacionados con la perplejidad y la incomprensión mutua serían resueltos si la gente solo pudiese apreciar que tienden a intentar manipularse unos a otros con mucho más frecuencia de lo que se sospecha.

He llevado a cabo cientos de experimentos en los cuales mis colaboradores y yo, en lugar de tomar las acciones y palabras de las personas por su valor aparente, supusimos que las personas estaban tratando de anotar un punto, o de aliviar la ansiedad, o de manipular.

Este es el tipo de experimento que casi cualquiera puede verificar. Al aparentar alternadamente estar de acuerdo, o ceder, o aceptar las sugerencias de alguien, o no estar del todo convencido, puedes fácilmente ver este esquema oculto en funcionamiento.

Hay dos grandes valores en un estudio de este tipo. Primero, te ayuda a disociar tus emociones de lo que en realidad es una situación "ritual"; segundo, te muestra lo que muchas personas están realmente haciendo cuando están en el trabajo o jugando, a pesar de sus propias creencias manifiestas sobre sus actividades.

Pseudónimos

De vez en cuando he tenido la oportunidad de decirle a la gente que escribo usando nombres distintos al mío: pseudónimos.

Puedes creer que, en al menos nueve de diez casos, luego de escuchar esto la persona ha dicho: "¿En serio? ¿Y cuáles son tus pseudónimos?"

Esta es una buena ilustración del casi total automatismo de muchos pensamientos. Si la gente escribe bajo pseudónimos, seguramente es porque no quiere que su nombre verdadero vaya unido a ese escrito. Entonces, ¿por qué se creería probable que tal persona le diría a cualquiera cuál es su pseudónimo?

Esto es incluso más notable porque la gente que reaccionaba así era casi siempre relativamente desconocida: gente que uno pensaría tiene menos oportunidades de recibir semejantes confidencias que los amigos cercanos.

Las primeras y las últimas batallas

"No saber cuándo uno ha sido derrotado" es generalmente solo un concepto bonito más que una regla de vida.

Existe una persona mejor que la que no sabe cuándo está derrotada: esta es la persona que no tiene que saber... porque gana.

Sobre el mismo tema, algunos individuos buscan hacer una virtud del "perder cada batalla menos la última". Yo, sin embargo, les recomendaría ganar la primera de un modo tal que también sea la última batalla.

En los estudios superiores, es la gente que ha perdido las batallas preliminares quienes son nuestro mayor problema: pues puede que aún estén en el campo, pero jamás han escapado indemnes y generalmente están más necesitados de rehabilitación que de instrucción.

Lo que pasa adentro

Cuando la gente dice: "Me disgustan tus opiniones, pero creo que deberías tener la oportunidad de expresarlas", ten siempre cuidado.

Décadas de observación, tratando con casos reales, me han demostrado que tales personas, la mayoría de las veces, están realmente diciendo:

"Voy a decir que esta persona tiene los derechos que he afirmado. Algún día quizá yo me decida a vivir a la altura de este sentimiento. Pero mientras tanto, utilizaré otros medios para combatir sus opiniones: comenzando por inmunizarme contra ellas."

Haz un estudio sostenido de personas supuestamente imparciales antes
de aceptar su objetividad. Estudia sus
acciones y lo que dicen a los demás,
como también lo que les gustaría creer
que le dicen a todo el mundo.

Percepción y verdad objetiva

Supón que casi ningún ser humano
pudiese diferenciar el frío del calor.

Las personas entonces no serían
capaces de utilizar ni frío ni el calor.
Estarían a su merced.

Descubrirían que el agua a veces
quema, a veces es agradable y bebible.
El por qué esto debería ser así y el cómo
evitar el agua peligrosa eligiendo el agua
buena, podría transformarse en una
búsqueda sin fin. Mientras estuviesen
buscando, el comportamiento del

agua – y de muchísimas otras cosas – no tendría sentido: parecería motivado por algún destino caprichoso.

Se volverían supersticiosos y serían atraídos por cualquiera que pudiese decirles algo sobre ello o por quien pareciese capaz de hacerlo.

El hecho, sin embargo, es que carecerían de un órgano de percepción, de nervios que pudieran señalarles cuándo habría calor y cuándo frío.

Al encontrarse constantemente en tal estado, entrarían en conflicto con cualquiera que les dijese esto, porque parecería trivial; también parecería altivo. Y alternando con su credulidad para con los "maestros" del problema calor-frío, habría una exigencia de que se les "mostrara" evidencias sobre qué estaba sucediendo.

Algunos podrán decir, como lo hacemos nosotros, que la primera necesidad es desarrollar el órgano perceptivo y que cualquier argumento sobrante vendría luego. Pero el círculo vicioso aún estaría ahí: "Dímelo ahora, demuéstramelo ahora."

Nuevamente, dado que el órgano del tacto involucrado en distinguir el calor del frío es específico y no puede ser descripto fácilmente ni siquiera a alguien que tenga otros sentidos, se pierde mucho tiempo y esfuerzo. La gente cree que se le puede explicar cómo es el "tacto".

En definitiva, solo lo pueden experimentar. El habla provee apenas una ayuda para entrenar el "tacto".

El Sheikh execrado

En el país de Ardh vivía un clérigo de hábitos ejemplares e impecable conducta. Con el transcurso de los años, se volvió respetado por la gente de su ciudad y el favorito de su regidor. Ganó, por aclamación, el título de Sheikh Admirado.

De vez en cuando solía decir a todo el mundo, incluso a su mujer y a sus hijos:

"Mi ejemplo es inútil para ustedes, porque la admiración no seguida de emulación es hipocresía del peor tipo. Es mejor que hagan lo opuesto de lo que yo hago, por mero autointerés, que sentirse felices porque existe alguien que es bueno, mientras que ustedes son malos."

En el último cuarto de su vida dejó de ser un moralista y se convirtió en Sufi.

Inexplicablemente, la conducta exterior del Sheikh sufrió un raro vuelco: desapareció dinero confiado a él por el rey, circularon rumores acerca de su moral durante sus ausencias del hogar, les negaba a sus hijos los regalos que antes estos acostumbraban a obtener con facilidad. En lugar de "Admirable" la gente ahora lo llamaba "Execrable".

Cuando murió, el único discípulo leal que le quedaba abrió una carta que el Execrado Sheikh le había entregado mucho antes para que la guardara hasta su muerte.

La carta decía:

"Querido amigo, conoce la explicación de mi conducta. Aquellos que han imitado mis malos ejemplos jamás habrían en cualquier caso seguido uno bueno. Todo lo que hice fue exteriorizar sus delitos para que algún día quizá encuentren alguien que los cure. El oro que todos creen que le robé al rey será encontrado en tal y tal lugar, intacto: devuélveselo. Al tomarlo, le enseñé al rey tolerancia, haciendo que su capacidad de autocontrol emergiera a la superficie donde podría perfeccionarse. Mi mujer ha aprendido paciencia y generosidad mediante las pruebas aplicadas por mis supuestas fechorías, cuyos rumores yo mismo eché a rodar desde el principio. Mis hijos pueden ahora mantenerse a sí mismos en el mundo. Al negarles lo que deseaban logré que se volvieran adaptables y generosos, ya que no quieren ser como yo.

"Pero la prueba más grande ahora recae sobre ti. Al haberme sido fiel, me hayas entendido o no, has perfeccionado solamente la lealtad. Ahora tienes que comprender que pocas cosas son siempre lo que aparentan ser. Hasta el momento has considerado la lealtad como la virtud superior. Ahora debes aprender que es el logro más bajo en las filas de los Elegidos."

Este es el origen de la fundación de la escuela del Execrado Sheikh, cuyo nombre es sinónimo de falta de fiabilidad entre mucha gente común, e igualmente la esencia de la perfección entre aquellos que saben.

¡Cómo la estupidez de la gente los protege del bien al aparentar ella misma ser el bien! Incluso hoy en día hay muchos que dicen:

"El Execrado Sheikh no tuvo la gracia de confesar sus pecados, ni siquiera después de su muerte. Llegó incluso a dejar una carta que trataba de justificar sus censurables actos."

Tales personas solo se están describiendo a sí mismas.

El rey sin oficio

Había una vez un rey que había olvidado el antiguo consejo de los sabios: quienes nacen en el confort y la facilidad tienen mayor necesidad de un esfuerzo correcto que todos los demás. Sin embargo, era un rey justo y popular.

Mientras viajaba para visitar una de sus lejanas posesiones se desencadenó una tormenta que separó a su barco de la escolta. La tempestad amainó luego de siete furiosos días; el barco se hundió y los únicos sobrevivientes de la catástrofe fueron el rey y su hijita, quienes de alguna manera se las habían arreglado para subir a una balsa.

Después de muchas horas, la balsa encalló en la costa de un país que era totalmente desconocido para los viajeros. Al principio fueron acogidos por pescadores, quienes los cuidaron por un tiempo; luego dijeron:

"Apenas somos gente pobre y no podemos darnos el lujo de mantenerlos. Caminen tierra adentro y quizá puedan encontrar algunos medios para ganarse la vida."

Agradeciendo a los pescadores y con tristeza en el corazón por no ser capaz de trabajar entre ellos, el rey comenzó a vagar por el país. Él y la princesa fueron de aldea en aldea, de pueblo en pueblo, buscando comida y refugio. Por supuesto, no eran más que mendigos y la gente los trataba como tales. A veces conseguían unos trozos de pan, a veces paja seca sobre la cual dormir.

Cada vez que el rey intentaba mejorar su situación pidiendo trabajo, la gente decía: "¿Qué trabajo puedes hacer?", y siempre descubría que era completamente inexperto en cualquiera de las tareas que le eran requeridas, forzado a retomar su camino.

En todo el país casi no había oportunidades para tareas manuales, ya que abundaban trabajadores no especializados. A medida que se mudaban de un lugar a otro, el rey se daba cada vez más cuenta de que ser un rey sin un país era un estado inútil. Reflexionaba cada vez más a menudo acerca del proverbio en el cual los ancianos habían establecido: "Que solo ha de ser considerado como de tu propiedad aquello que puede sobrevivir a un naufragio."

Luego de años de esta existencia miserable y sin futuro, ambos se encontraban, por primera vez, en una granja cuyo propietario estaba buscando a alguien para que cuidara sus ovejas.

Vio al rey y a la princesa, y dijo: "¿Están sin dinero?"

Ellos asintieron.

"¿Saben cómo cuidar ovejas?", preguntó el granjero.

"No", dijo el rey.

"Por lo menos eres honesto", dijo el granjero, "y por eso te daré una oportunidad para ganarte la vida."

Los envió afuera con algunas ovejas, y pronto aprendieron que todo lo que tenían que hacer era protegerlas de los lobos y evitar que se extraviaran.

Al rey y a la princesa se les dio una cabaña, y según pasaron los años el rey recobró algo de su dignidad, aunque no su felicidad; y la princesa se transformó en una joven mujer, bella como un hada. Pero dado que apenas ganaban lo necesario para mantenerse vivos, ni siquiera podían planear el retorno a su propio país.

Casualmente, un día el sultán de ese país estaba de cacería cuando vio a la doncella y se enamoró. Envió a su portavoz para preguntarle al padre si la daría en matrimonio al Sultán.

"Oh, campesino", dijo el cortesano que había sido enviado a verlo, "el sultán, mi amo y señor, pide la mano de tu hija en matrimonio."

"¿Cuál es su habilidad, cuál es su trabajo, y cómo puede ganarse la vida?", preguntó el ex rey.

"¡Imbécil! Ustedes los campesinos son todos iguales", gritó el cortesano. "¿No entiendes que un rey no necesita tener trabajo, que su habilidad consiste en manejar reinos, que has sido escogido para un honor que ordinariamente está más allá de cualquier expectativa posible para los plebeyos?"

"Todo lo que sé", dijo el rey pastor, "es que a menos que tu amo, sea o no sultán, pueda ganarse la vida, no será marido para mi hija. Y sé una o dos cosas acerca del valor de las habilidades."

El cortesano regresó a su amo real y le contó lo que el estúpido campesino había dicho, añadiendo: "No debemos ser duros con esta gente, Señor, pues no saben nada de las ocupaciones de los reyes…"

Sin embargo, cuando se hubo recuperado de su sorpresa, el sultán dijo:

"Estoy desesperadamente enamorado de la hija de este pastor, y por lo tanto preparado para hacer cualquier cosa que su padre ordene, a fin de obtener su mano."

Entonces dejó el imperio en manos de un regente y se hizo aprendiz de un tejedor de alfombras. Después de poco más de un año ya había dominado el arte de hacer alfombras sencillas. Llevando consigo algunos de sus trabajos, fue a la cabaña del rey pastor; los presentó ante él y dijo:

"Soy el sultán de este país, y estoy deseoso de casarme con su hija, si ella me acepta. Habiendo sido informado de que usted requiere que un futuro yerno posea habilidades útiles, estudié tejeduría. Estos son ejemplos de mi trabajo."

"¿Cuánto tiempo le llevó hacer este tapete?", preguntó el rey pastor.

"Tres semanas", dijo el sultán.

"Y cuando se venda, ¿cuánto tiempo podrá vivir con su ganancia?", preguntó el rey pastor.

"Tres meses", contestó el sultán.

"Puede casarse con mi hija, si es que ella lo acepta", dijo el padre.

El sultán estaba encantado, y su felicidad fue completa cuando la princesa aceptó casarse con él.

"Tu padre, aunque puede que sea apenas un campesino, es un hombre sabio y sagaz", le dijo a ella.

"Un campesino puede ser tan listo como un sultán", dijo la princesa, "pero un rey, si ha tenido las experiencias necesarias, puede ser tan sabio como el más sagaz de los campesinos."

El sultán y la princesa se casaron debidamente y el rey, pidiéndole dinero prestado a su nuevo yerno, fue capaz de regresar a su propio país, donde llegó a ser conocido para siempre como el benigno y sagaz monarca que nunca se cansó de alentar a todos y cada uno de sus súbditos para que aprendieran un oficio útil.

El sabio y los críticos

Cierto sabio aceptó una invitación para visitar un pueblo cuyos ciudadanos profesaban interés en su enseñanza.

Fue hacia allí, acompañado por un pequeño grupo de discípulos.

El sabio pronunció un breve discurso.

Algunas personas dijeron: "No queremos un maestro, queremos saber cómo podemos encontrar nuestro propio camino."

El sabio contó una fábula.

Algunas personas dijeron: "No queremos oír viejos relatos, queremos guía."

El maestro habló nuevamente, sobre otro tema.

Algunas personas dijeron: "Esto no es lo que esperábamos escuchar."

El maestro hizo algunos comentarios.

Algunas personas dijeron: "No comprendemos cómo estos comentarios concuerdan con los libros autoritativos."

Cuando el grupo se alejaba del pueblo, uno de los discípulos dijo: "Me temo que causamos muy poca impresión, ya que esa gente solo quería comportarse de una manera determinada, equivalente a las ideas que ya estaban en sus mentes."

El maestro dijo: "Piensa bien si el propósito de esta expedición fue instruir a aquellos que no desean aprender, o demostrar cuántos no quieren aprender a aquellos de ustedes que quizá sí sean capaces de aprender."

El objetivo

Se relata que el objetivo de la expedición al Oriente de Alejandro Magno era encontrar el Agua de la Vida Eterna.

Luego describen el momento en que el gran conquistador entró a la cueva donde manaba la fuente de la vida.

Justo cuando se agachaba para sorber un poco de ese líquido, escuchó un sonido extraño proveniente de la bóveda de la caverna.

Alejandro miró hacia arriba, y vio un cuervo posado en la penumbra.

El cuervo decía:

"¡Detente, por el amor de Dios, detente!"

El rey le preguntó por qué no debería saborear el agua milagrosa. "He sufrido mucho para poder estar aquí hoy", dijo.

El cuervo respondió:

"¡Gran rey, mírame! Yo también busqué y hallé el Agua de la Vida. Apenas la vi, corrí hacia la fuente y bebí hasta saciarme. Ahora, mil años después, sin la visión de siquiera medio ojo, con mi pico roto, mis garras caídas y sin ninguna pluma, lo único que pido es aquello que es imposible: *quiero morir y no puedo*."

Consciente de que el objetivo debe ser formulado en concordancia con el conocimiento y no solo con el deseo, Alejandro Magno se puso de pie y raudamente se alejó.

El baba errante

Asistido por un pequeño grupo de discípulos, Chara el Baba Errante emprendió un viaje para visitar a los muchos círculos de derviches que él había establecido en varios países.

En Samarcanda, el Baba dio una charla a sus seguidores y luego pasó varios días separado de ellos, arrojando pequeñas monedas al río, compeliendo a los niños del pueblo a que se zambullesen para recuperarlas.

Los discípulos no estaban satisfechos, y la gente del pueblo exclamó:

"Cuanto antes se aleje este ignorante y ridículo derviche de nuestro vecindario, mejor."

En Bujara, el Baba impartió algunas enseñanzas; luego reunió a la gente y les contó chistes hasta que las lágrimas les brotaban de los ojos. Algunos dijeron: "Esto es vergonzoso para un hombre de fe, un maestro y un Hakim." Otros pensaron: "Si esto es religión, ¡que la risa sea nuestro camino al Paraíso!"

En resumen, todos en esa ciudad se volvieron adictos a los chistes y a las bromas.

En Badakhxan, el Baba inició a algunos seguidores; y luego dio clases de canto y baile hasta que todos en esa remota provincia se involucraron nada más que en eso. Algunas personas lo aprobaban, otras estaban profundamente desilusionadas.

Cuando el grupo alcanzó Kandahar, el Baba les dijo a todos que dejaran de escribir y caligrafiar, incluyendo manuscritos iluminadores, hasta que la horrorizada gente comenzó a morder sus pulgares deseando que este desastre pasara pronto.

Sin embargo – tal era el poder del ejemplo y la energía del Baba – la natación se volvió rápidamente característica de Samarcanda; Bujara era el hogar del humor; y en Kandahar surgió una escuela de pintores y miniaturistas, porque las personas habían olvidado cómo escribir.

Veinte años después, Chara el Errante estaba muerto. Uno de sus discípulos relata:

"Desanduve el camino que había recorrido con mi maestro, y fue así que pude darme cuenta de lo que realmente había estado haciendo.

"Cuando estuve allí en Samarcanda hubo una terrible inundación. Aquellos adultos que habían sido niños y a quienes el Baba les había enseñado a nadar al hacer que se tirasen al agua para recuperar las monedas, llevaron al resto de los habitantes sobre sus espaldas, y de este modo los salvaron.

"Cuando llegué a Bujara, un cruel tirano había tomado la ciudad. Se pavoneaba por ahí, intentando imponer su voluntad sobre la gente. Pero ellos, acostumbrados a reírse de todo por los chistes del Baba, se rieron tanto de él que tuvo un ataque de apoplejía y cayó muerto.

"En Badakhxan, un grupo de hombres malvados, ansiosos por extender su influencia sobre la población, apenas habían traído drogas a la provincia cuando llegué. Dijeron: 'Tómenlas, y alcanzarán la felicidad y la plenitud.'

"La gente invariablemente contestaba: 'No necesitamos sus drogas, pues ya estamos completamente intoxicados por las danzas y el jolgorio que nos trajo el Baba Errante.'

"En Kandahar, el edicto de un usurpador ordenó que todos los registros escritos fuesen destruidos, de modo que todo el conocimiento parecería comenzar con su período de gobierno. Pero la gente – gracias a que el Baba hizo que dejaran de escribir – hacía ya mucho tiempo había transferido todo su conocimiento a otras formas de comunicación. A esta altura la antigua tradición ya estaba preservada en los diseños de las alfombras, en los mosaicos de cerámica, en objetos de bronce, bordados y decoraciones de todo tipo.

"Gracias al Baba Errante, toda esta gente y estas cosas fueron salvadas."

Innecesario

Las personas que han organizado sus vidas alrededor de la estabilidad de una relativa ignorancia consideran innecesarias a todas las empresas que no encajan con sus preconceptos.

Raramente se detienen a pensar, por supuesto, que "innecesario" es el término ideal para preservar la ignorancia y especialmente la timidez: "Si el Señor hubiese querido que volásemos, Él nos habría dado alas."

Estas son las mismas personas que hubiesen llamado innecesaria a la investigación científica de no haber podido entenderla dentro de su propio sistema lógico, pero que habrían corrido a comprar antibióticos tan pronto como alguna otra persona los hubiese desarrollado.

Es "innecesario" que el mono comience a creer que las bananas pueden cultivarse, no solo cosecharse: porque es un mono.

Es "innecesario" que el salvaje se pregunte si el fuego no es ocasionalmente enviado del cielo por un Dios del trueno, o si él es capaz de producirlo: porque es un salvaje.

Es "innecesario" que un niño crea que tenemos que ganarnos la vida:

porque todavía es un niño, aunque tenga que crecer.

Es "innecesario" que un adulto crea que necesita educación intelectual si es un trabajador manual.

Es "innecesario" que la persona educada crea que quizá necesite una forma de educación distinta o superior: porque ya define su estado como el mejor o el supremo.

Pero nadie puede detener el proceso de aprendizaje, de verdadero cuestionamiento, incluso aunque se deba a que nuestros antepasados comenzaron este rumbo hace muchos miles de años. Nos pusieron en este camino y no podemos escapar de él.

Mintiendo

Mira el fenómeno de la mentira en su relación con los tontos.

Los tontos mienten para explicar u ocultar su estupidez. No es un remedio, pero lo usan.

Los mentirosos, nuevamente, son tontos porque una mentira puede ser descubierta, y los tontos apostadores no son distintos del tipo común.

El mentiroso se engaña a sí mismo creyendo que no será descubierto, y el tonto se engaña a sí mismo creyendo que su mentira cubrirá su tontería.

No es fácil evitar ser un tonto. Es posible darse cuenta de que uno lo ha sido. El remedio es no mentir.

Nuevamente, es posible darse cuenta de que uno ha mentido, y evitarlo. Siendo la estupidez y el mentir una especie de continuum, el ser veraz puede ayudar a uno a ser menos tonto.

Es por esta razón, porque es constructivamente útil, que las enseñanzas tradicionales han enfatizado la necesidad de decir la verdad y ser lo más veraz posible. Veracidad significa ser eficiente, efectivo. Mentir es un intento de transformar la ineficiencia en su opuesto.

Es por esto que todas las formas de autoengaño son "mentir"; y la persona que tontamente es incapaz de ver la verdad puede acercársele al practicar la elusión, para empezar, de por lo menos algunas formas de mentir.

Muchas enseñanzas "moralistas" duraderas son ejercicios específicos y efectivos que salieron mal.

Duda

Duda de otros y ellos dudarán de ti. No dudes de ellos, y puede que aún duden de ti.

Correcto y halagador

No "Esta persona tiene razón o esta cosa es correcta", sino: "¿Me está halagando?"

Viabilidad

Puedes seguir adelante con mucha menos atención de la que ansías.

Sugerencia monstruosa

Un psicólogo que conozco notó que cierta compañía promocionaba sus productos con técnicas que transformaban su propaganda en nada menos que una campaña de adoctrinamiento.

Observó la utilización de ritmos compulsivos y *jingles*, la tensión y repetición en la presentación, el derribo de creencias y la inculcación de otras nuevas.

En lugar de desafiar a la firma directamente, pensó en buscar información adicional. De modo que escribió a la oficina central y sugirió que bien podrían interesarse en sacar provecho de la aplicación del conocimiento sobre el adoctrinamiento para incluirlo en sus publicidades.

Poco después llegó una carta, firmada por el director general: sentía repugnancia ante la sugerencia de que cualquiera intentase manipular la libertad de elección de los miembros del público. No solamente era inmoral, desde su punto de vista, sino que existía un código para ayudar a prevenirlo.

Qué reconfortante es saber que la gente en el poder se oponga con tanta determinación a tales abusos.

Liquen

Un pedazo de liquen crecía sobre una roca.

Además de los habituales pensamientos de liquen, a menudo se preguntaba por qué no podía esparcirse para así cubrir parte de la roca aún vacía.

"No hay nutriente para líquenes aquí", dijo la parte más sabia del liquen, "y debemos esperar que venga a nosotros."

Con el paso de los años, las expectativas de la masa del liquen se volvieron más y más fuertes. Lentamente, los cambios climáticos hicieron que la roca se fisurara levemente. Ciertos elementos químicos fueron liberados y comenzaron a fluir hacia afuera, cubriendo una parte de la superficie desnuda de la piedra.

Para los líquenes devotos, esta era la respuesta a sus oraciones; y agradecidos, se esparcieron sobre el delicioso alimento.

Pasaron muchos años, y los elementos químicos comenzaron a agotarse. Esto provocó cambios en el carácter de los líquenes, quienes atribuyeron sus diferencias de composición y estado a profundos cambios sociales.

Los teóricos se multiplicaron, cada uno con su explicación. Los líquenes filósofos, académicos y científicos se dividieron en grupos. Puedes imaginarte cómo eran sus distintas explicaciones. Cada versión se basaba sobre la interpretación del fenómeno observado. De hecho, por supuesto, las teorías eran generalmente intentos de concentrar y difundir convicciones personales.

Entonces otra cadena de sucesos hizo que alguien derramara sobre la roca otro nutriente para líquenes, y los organismos pudieron comenzar a crecer nuevamente.

Este mismo estímulo energizó a los teóricos. Sus incrementadas ansiedades del pasado inmediato habían agudizado su actividad mental; tal estímulo también los había capacitado para tomar conciencia de la causa inmediata de su privación temporaria y comparativa abundancia.

Pero hasta ahora los líquenes no han alcanzado el punto en que pueden desentrañar ninguna intención perceptible detrás de la cadena de "causas" que les hace llegar los medios para vivir y expandirse.

Por esta razón, han dejado de pensar en ello. Creen, no obstante, que *sí* están pensando en ello. Pero esto solo se debe a que están en el nivel de cultura que considera las siguientes afirmaciones como "pensamientos":

"Todo es accidente."

"Todo tiene un origen sobrenatural."

"Algunas cosas son accidente, otras sobrenaturales."

"No sé qué pensar."

"Puedo creer, y por lo tanto puedo creer que una mera opinión es lo mismo que conocimiento."

"He deducido algunas cosas, por lo tanto son verdaderas."

"He observado algunas cosas, por lo tanto puedo observar otras."

"Lo que no puede ser observado, puede ser deducido; lo que no puede ser deducido, puede ser sentido; lo que no puede ser observado, deducido ni sentido, no puede tener relevancia alguna y por lo tanto es un sinsentido."

Qué suerte que la humanidad es diferente del liquen.

El tronco y el hongo

Un tronco podrido proveía nutrición a un hongo en crecimiento.

Abriéndose camino a través de la madera, el hongo gritó:

"¡Abajo con esta institución restrictiva que trata de inhibir mi libertad!"

Otras plantas, que eran espectadoras, se sintieron muy afectadas por la lucha. Dijeron con admiración:

"¡Qué hermoso es el irresistible heroísmo de los hongos! ¡Qué lección para nuestros descendientes! Nunca olvidemos este día. Ese tronco creyó que era fuerte. En efecto, si no hubiese sido por el inconquistable espíritu de los hongos, nadie habría osado concebir, y mucho menos llevar a cabo, tan gloriosa empresa."

Algunas setas que se habían abierto paso fácilmente por entre el verdín, dijeron:

"Todo este esfuerzo, esta jactancia, ¿son realmente necesarios?"

Pero pronto fueron silenciadas por el creciente clamor del coro de hongos:

"Destruyan, destruyan, destruyan la tiranía, para que así podamos tener armonía y paz."

El juramento del demonio

Había una vez un demonio que por casualidad escuchó a un hombre piadoso decir: "Si solamente pudiese ser tentado para así poder demostrar que soy inmune a las artimañas de los demonios."

Inmediatamente el demonio se materializó ante el hombre, y dijo:

"Soy un demonio, y me gustaría llevarte en peregrinación a un santuario."

"¿Un demonio en peregrinaje?", dijo el hombre piadoso, "esto seguramente es algo extraño. Pero no puede haber daño alguno en ir en peregrinación, sea cual fuere el compañero de uno."

Al demonio le dijo: "Sé distinguir el bien del mal, y es inútil querer tentarme, ¿sabes?"

El demonio dijo: "Amigo, a pesar de ser un demonio, todo lo que te pido es que durante la peregrinación, no hagas daño a criatura alguna."

"Cada vez más extraño", pensó el hombre piadoso. Dijo en voz alta: "Juro que así será, demonio, porque concuerda completamente con mi propia filosofía."

"Y", dijo el demonio, "también tendrás que prometer que no matarás, y que tratarás a los demás con el máximo respeto."

"¡De acuerdo!", dijo el hombre piadoso, "y de ser un demonio, eres del tipo que más me agradaría encontrar, pues parece que ya estás rumbo a tu reformación. Fíjate lo que digo: si esto es una trampa, descubrirás que no soy susceptible a los artilugios de los malvados."

"¡Está bien!", dijo el demonio, y emprendieron la marcha.

En la primera parada, el demonio dijo: "¿Qué propones que comamos?"

"Carne", dijo el hombre.

"No lo permitiré", dijo el demonio, "porque estarás favoreciendo el daño a las cosas vivientes."

"Pero ahora ya no está viva", dijo el hombre.

"Al comerla dejas un lugar para que se demande más carne, y al hacer que se demande más carne haces que los carniceros maten, y esto significa causar daño a las cosas vivientes", dijo el demonio.

Entonces el hombre piadoso dejó la carne.

En la siguiente parada, el demonio dijo: "¿Por qué mueves ese arbusto espinoso?"

El hombre dijo: "Para poder sentarme."

"No lo permitiré", dijo el demonio, "dado que causará daño a las cosas vivientes."

"¿Cómo puede ser así?", preguntó el hombre piadoso.

"Has pasado tanto tiempo en oraciones para tu alma, que no te das cuenta de que este arbusto está protegiendo la madriguera de un conejo, la cual quedará expuesta a los zorros si lo quitas", dijo el demonio. Entonces el arbusto permaneció donde estaba.

En la tercera parada, el demonio dijo: "¿Qué vas a hacer?"

"Voy a encender una fogata", dijo el hombre piadoso.

"Podrás hacerlo sólo si juras que no dañará a ninguna criatura viviente sobre la tierra", dijo el demonio.

Esa noche durmieron sin una fogata.

Al día siguiente llegaron a un pueblo. Un lugareño caminaba por la calle y el hombre piadoso pensó: "Le demostraré a este demonio – que busca mofarse de mí – que recuerdo lo que prometí acerca de honrar a la gente."

Entonces se acercó al recién llegado y besó su mano.

Inmediatamente fue rodeado por furiosos lugareños que gritaban:

"Ese hombre es un adorador del diablo, y tú lo honras."

Agarraron al hombre y al demonio, y los apedrearon.

Cuando finalmente fueron liberados, estaban a menos de un día de marcha de su meta. El demonio dijo al hombre piadoso:

"Allí yace la ciudad del santuario. Te dejo aquí. Ahora entra y si te atreves haz obras de bien."

Delicias de una visita al infierno

Una vez un hombre pensó:

"Cómo me gustaría poder ser dueño de la opción de estar muerto o vivo, para así poder saber qué significa estar muerto."

Esta idea dominaba de tal manera su mente, que buscó un derviche y se transformó en su discípulo. Cuando, después de muchos meses, juzgó que era el momento apropiado, le dijo a su maestro:

"Reverendo Señor, he deseado algo

por años: ser capaz de estar vivo o muerto, según lo desee. Esto es porque me resulta difícil visualizar cómo sería estar en esa condición. ¿Haría usted que conseguirlo fuera posible para mí?"

El derviche dijo:

"No te ayudará para nada."

"Estoy seguro de que toda experiencia es útil", dijo el hombre, que continuó importunando al derviche hasta que este estuvo de acuerdo.

"Muy bien", dijo el derviche, "adopta estos ejercicios especiales, y serás capaz de entrar en los dominios de la muerte y retornar según desees."

El hombre hizo sus ejercicios hasta perfeccionarlos, y cuando sintió que estaba listo se lanzó al estado que generalmente es conocido como la muerte.

Se encontró en un estado incorpóreo y esperando en la puerta de salida de la vida.

Una forma sutil con forma de hombre se le acercó y dijo: "¿Cuál es tu deseo?"

"Como ahora estoy muerto", dijo el hombre, "me gustaría ver el Cielo y el Infierno, para así ser capaz de entender las ventajas y desventajas de cada uno."

"Desde luego", dijo el ángel. "¿Cuál te gustaría visitar primero?"

"El Cielo", dijo el hombre.

El ángel lo condujo a un lugar donde las personas paseaban rodeadas de todo lujo y vestidas con prendas hermosas y comiendo frutas exquisitas. Todos eran indudablemente seres de la mayor pureza y honestidad, pero el visitante sintió que para su gusto no había suficiente variedad en sus vidas.

Le dijo a su guía: "Por favor, ¿puedo ver ahora el Infierno?"

"Desde ya", contestó el ángel, y lo llevó a otro lugar.

Aquí vio gente de parranda y retozando, riendo y llorando, trabando y rompiendo amistades, construyendo casas y destruyéndolas, y viviendo una vida notablemente similar a la que todos conocemos en la Tierra.

Pero el Infierno parecía tener ventajas marcadas: era más interesante que el Cielo, y existían oportunidades de beneficio personal que eran evidentes para el visitante pero que aún no habían sido observadas por sus habitantes, las cuales superaban por mucho a aquellas disponibles para la gente en la Tierra.

El hombre dijo a su guía: "Como soy el dueño de la opción de vivir o morir, creo que ahora me voy a establecer en el Infierno. ¿Me lo puedes organizar?"

"Nada más fácil", dijo el ángel, "siempre y cuando cambies tu estatus de forma permanente: de visitante a residente."

El hombre afirmó que efectivamente deseaba permanecer en el Infierno por un tiempo.

Entonces el ángel golpeó una puerta, y aparecieron dos demonios gigantes de aspecto horroroso.

"Llévenselo", dijo el ángel, "pues ha decidido unirse a ustedes."

Los demonios agarraron al hombre, y estrujándolo con gigantescas garras lo arrastraron rumbo a un horno.

"¡Deténganse!", gritó el hombre, y le reclamó al ángel:

"Si esto es el Infierno, ¿cuál era el lugar que me mostraste diciéndome que era el Infierno, cuando no lo era?"

"Eso", dijo el ángel, "no es el Infierno para los residentes permanentes. Es el que se les muestra a los turistas."

Los monjes y la modestia

Un monje, muy respetado en su comunidad, me dijo durante una conversación por la cual se había vuelto muy animado:

"¡*Yo* estoy entre los hombres más modestos del mundo entero!"

Continuó:

"¡Desafío a cualquiera a que encuentre, en el transcurso de una vida, más de cinco o seis personas tan humildes como yo!"

Lo que a mí me resulta increíble de todo esto, no es la propia ceguera del hombre a lo que era un defecto según su punto de vista. Es más bien la insensibilidad de toda esa gente que, cuando se les cuenta esta historia, han buscado explicar su comportamiento llamándolo, casi unánimemente, "una excepción".

La gente puede vivir toda su vida sin advertir que precisamente esta tendencia puede (de una u otra forma) manifestarse y ser notada en nuestra presencia, todos los días.

Dos gurúes

Había una vez dos gurúes. Meditaban y disertaban, estudiaban las vidas y dichos de los antiguos místicos que enseñaron que el hombre podía controlar su vida exterior para poder lograr liberarse de las ataduras de los acontecimientos y escapar de la tiranía del entorno.

Uno de los gurúes conocía las propiedades de las hierbas secretas y había meditado en las ermitas del Himalaya. Había peregrinado y realizado visitas *darshan* a las moradas de los Mahatmas, tanto grandes como pequeños. Había presenciado las reuniones y rituales de los bosques y los templos, y era plenamente versado en los misterios de los mantras sagrados.

El otro gurú, que vivía bastante lejos del primero, había instruido discípulos durante muchos años. Él mismo había sido un *chela* de varios maestros de alta reputación. Estaba familiarizado con las escrituras y los clásicos antiguos grabados en hojas, y se había desplomado sobre el piso en viajes espirituales a innumerables monasterios. Había practicado ejercicios de postura y contemplación de *mandalas*, comió bayas del ermitaño y usó la túnica del Sanyasi. Era considerado un Maestro perfecto por sus seguidores, y por muchos que lo conocían y por muchos que no.

Un día, el segundo gurú fue visitado por el primero, quien le dijo:

"Tengo un nuevo y joven discípulo que desea alcanzar *moksha*. Me he sentado con él y cantado sobre él, y también he respirado sobre él y recitado palabras sagradas, pero aún parece muy inquieto. Lo he expuesto al silencio y a ejercicios vocacionales. Hemos meditado juntos y hecho sonar campanas. Las cuentas del *yapa mala* nunca están quietas en nuestros dedos, y hemos besado reliquias sagradas. ¿Qué me aconsejas hacer con él ahora?"

El segundo gurú preguntó:

"¿Lo has puesto sobre un lecho de clavos?"

"No", dijo el primer gurú.

"Muy bien, entonces prueba eso."

Unos pocos días más tarde el primer gurú regresó y dijo:

"Es con renuencia que te molesto otra vez, pero necesito consejo para mi problemático discípulo."

"¿Está aún inquieto, incluso después de yacer sobre un lecho de clavos?"

"Lamento decir que sí."

"Pues bien", dijo el segundo gurú, "ahora te aconsejo un curso de concentración en sonidos interiores secretos, baños calientes y fríos, y la aplicación de aceites sagrados y ciertos antiguos ejercicios de respiración."

El primer gurú se fue, solo para volver a los pocos días e informar que no todo andaba bien con su *chela*:

"Parece que le falta determinación, y el curso de los esfuerzos sagrados no está teniendo un efecto visible."

"Debemos recurrir a métodos incluso más avanzados", dijo el segundo gurú, "y esto es lo que harás ahora."

Describió un régimen de giros especiales y calistenia, la aplicación de hechizos, un período de silencio, túnicas especiales y varias otras técnicas y procedimientos secretos de iniciación.

Tres días más tarde, el segundo gurú estaba sentado con su acostumbrada serenidad a la entrada de su Ashram cuando el primer gurú llegó otra vez.

"¿Supongo que has venido en busca de más guía para tu discípulo?", preguntó el segundo gurú benignamente.

"No", dijo el primer gurú, "eso ya no es necesario pues el hombre está muerto."

"¿Muerto? ¿Cuándo y cómo murió?"

"Murió de repente esta mañana, delante de mí. Se quedó sin fuerzas y colapsó. Cuando alcé su cabeza, vi que la vida lo había abandonado."

"¿Pero no dijo nada antes de morir?"

"Casi nada. Justo antes de desplomarse, había comenzado una oración con las palabras: '¿Cuándo recibiré algo de comer?'"

Desiertos

La gente compra mis libros y a veces se toman la molestia de escribirme acerca de ellos. A veces me envían ejemplares para ser autografiados. Nadie jamás ha enviado el franqueo, así que me cuesta casi lo mismo enviarlo de vuelta que mi ganancia por la venta del libro. Hoy he recibido una petición para un autógrafo de alguien que me pide que reintegre *su* franqueo. ¿Tienen los autores los lectores que merecen?

Sobrepeso

"Este hombre es demasiado pesado", dijo el doctor que había sido llamado para ver a un paciente en el País de los Tontos, "y su enfermedad sin duda empeorará a menos que se haga algo al respecto."

Se fue a su casa, habiendo dejado su versada opinión y esperando que se tomaran medidas. Cuando volvió para ver a su paciente, fue recibido por familiares afligidos.

"Doctor", dijeron, "el hombre estaba más enfermo de lo que creíamos. Incluso después de haber perdido peso, murió."

"Quizá no redujo su peso lo suficientemente rápido."

"No, no puede haber sido eso. Decidimos que la mejor manera de quitarle peso era cortándole la cabeza: lo hicimos en cinco minutos."

Banal

La banalidad es como el aburrimiento: la gente aburrida, aburre; la gente que cree que las cosas son banales, ella misma es banal.

Las personas interesantes pueden encontrar algo interesante en todas las cosas.

Leche

Un hombre que había venido a visitarme comentó acerca de alguien que acababa de dejar la casa después de una reunión:

"Ese hombre que entró aquí parecía exactamente alguien que estaba tratando de encontrar un litro de leche."

Le pregunté qué lo hacía estar tan seguro.

"Porque", dijo, "yo solía ser lechero y debería reconocer ese porte."

Criticando

¿Quién es la persona menos indicada para criticar?

Tú.

Tosquedad

Dos personas pueden ilustrarte la tosquedad.

La primera es el hombre tosco, a quien ves percibir el diamante como una piedra.

El otro es el hombre refinado, quien te deja en claro la tosquedad del primero.

Secretos

Un secreto verdadero es algo que únicamente una sola persona conoce.

Juegos

La negación y la afirmación son juegos que la gente juega.

Hay gente que niega ser capaz de negar, y que insistiría en que la gente no insiste.

Entendiendo

La gente siempre está tratando de entender.

Hay solamente una forma de hacer eso.

Es descubrir *por qué* quieres entender.

Puntos para pensar

¿Qué hace que yo te guste? ¿Qué te hace como yo?

Escuchado por casualidad en una fiesta

"¿Qué importa si nos agradamos mutuamente o no? Seguramente son las cosas *más profundas* de la vida las que realmente importan, ¿no?"

El talismán

Había una vez un hombre que recogió un talismán. De un lado había una escritura indescifrable; del otro la inscripción:

"Talismán para transformar piedras y oro."

Llevó el talismán a un lugar que estaba cubierto con piedras, y respetando la fórmula apropiada para tales operaciones, dijo:

"Talismán, haz tu trabajo."

En un abrir y cerrar de ojos, el talismán se había transformado en piedra.

Esperanza

No es "¿Tengo una oportunidad?" Más a menudo es: "¿He visto mi oportunidad?"

Enemigos

Los enemigos son a menudo antiguos o potenciales amigos a quienes se les ha negado, o que creen que se les ha negado, algo.

Enseñanza

Enseña honestidad, por supuesto… sabes lo que es, ¿no?

Perfección

Porque existe una palabra para la perfección, la gente siempre imaginará que la conoce.

Odio

Si quieres fortalecer a un enemigo y hacerlo sentir exultante: ódialo.

La razón

Un hombre del País de los Tontos quería
bajar las nubes.

"¿Por qué?", alguien le preguntó.

"Para estrujarles la lluvia."

Aforismos

Pocas cosas son más absurdas que las
máximas originalmente diseñadas para
inculcar o mantener las necesidades
sociales de una sociedad de antaño...
cuando son aplicadas hoy en día.

Estímulo

Un pensamiento mordaz es un correctivo
para el deterioro del pensamiento;
como el agua fría que ayuda a que los

músculos flojos trabajen nuevamente. Si el pensamiento te disgusta más que el shock de una ducha que estimula, y no sientes su poder regenerador... prepárate para que tu obesidad mental te posea completamente; no tomará mucho tiempo.

Creencia y conocimiento

El conocimiento es algo que tú puedes utilizar.

La creencia es algo que te utiliza a ti.

Sombra

¿Has notado cuánto gente que camina en la sombra maldice al sol?

Hecho a mano

Una dama de "mentalidad espiritual" comentó más de una vez que yo parecía demasiado joven para ser un gurú.

Algunos años de tratar con su tipo han resuelto el problema.

Ahora su objeción, me enteré, es que no actúo como un gurú.

Para alguien con semejante mente, parece ser bastante lenta en sacar la inferencia obvia.

La gente no siempre obtiene los gurúes que merece: generalmente obtienen los que manufacturan.

"¿Y por qué no habrían de hacerlo? Nadie más los aceptaría.

Infancia

Había una vez unos niños descontentos. Ya que su capacidad de pensamiento no era muy adulta, decidieron que serían más felices si cambiaban sus ropas. Algunos comenzaron a usar un tipo de atuendos, otros se vestían de un modo completamente distinto. Luego, algunos pensaron que su aburrimiento y ansiedad eran debido a que obedecían ciertas reglas, así que las cambiaron. Al descubrir que esto no iba bien, algunos comenzaron a inventar un conjunto de reglas tras otro, y trataron de observarlas convenciéndose a sí mismos de que este especial conjunto de reglas resolvería el problema. Había todo tipo de variaciones de esto: probaron el espíritu de equipo, luego probaron líderes. Luego decidieron que los líderes eran el problema, así que resolvieron ser todos líderes para exorcizar este mal; eso no fue mucho más exitoso. Entonces decidieron que ciertas desigualdades eran la raíz de sus dificultades, de modo que se dividieron en grupos según qué conjunto de desigualdades se consideraban las más importantes. Si no les agradaba un conjunto de reglas, lo invertían y hacían lo opuesto, pues practicaban magia simpática, como la gente primitiva... aunque ellos lo llamaban análisis racional.

Todavía están en eso, y parece probable que continúen de esta forma durante algún tiempo. Es decir, por lo menos hasta que alguien los llame para que dejen el patio de juegos y vengan a tomar el té.

Opiniones

No le preguntes a la gente cómo llegó a formar sus opiniones, si quieres la verdad. Al preguntarles estarás apenas entrando en un juego. Solamente te dirán lo que creen que es verdad, o lo que creen que quieres escuchar.

En cambio, estudia qué dicen y cómo lo dicen; qué hacen y qué influencias los han engañado en el pasado.

Así es como averiguarás, si te es necesario, cómo han llegado a formar sus opiniones.

Experiencia desafiante

Todos los días el hombre desafía a sus experiencias cotidianas.

Busca respuestas simples a preguntas simples. No existe una respuesta simple a una pregunta simple cuando la pregunta es defectuosa, tal como "¿qué hace andar a ese automóvil?"

La respuesta "nafta" es tan verdadera, falsa, incompleta y probablemente inútil como la respuesta "el conductor, las bujías, las ruedas, la transmisión, etcétera".

Pero las preguntas siguen llegando: "¿Qué soy yo?" "¿Qué estás haciendo?" "¿Qué debería hacer una persona?"…

Esperando

Hay mucha gente que no soporta la tensión de esperar.

Estos son los que tienen dos alternativas: o bien soportar la tensión de esperar, o ser dañados por ella.

Regla de oro

"Trata a los demás como querrías que te trataran a ti."

La filosofía tradicional se ha deteriorado tanto con el transcurso de los siglos, que la gente ha llegado a considerar esta afirmación engañosa como un consejo.

Originalmente su intención era la de hacer pensar a la gente. Se esperaba que reaccionaran preguntando por qué debería ser una buena política, dado que la mayoría de la gente quiere para sí las cosas equivocadas.

Atajos

Efectivamente hay atajos al conocimiento superior.

Aquellos a quienes les agrada la idea de un atajo son los que probablemente no tengan la capacidad de usarlos.

Esto se debe a que estas tienden a ser las personas en las cuales el factor de la codicia es tan fuerte, que encubre la capacidad de beneficiarse del atajo.

Una línea recta no es el camino más corto entre dos puntos si el punto distante está tan encubierto que se lo puede ver pero no alcanzar.

Un hombre que llega a la puerta de una casa antes que los demás puede sentirse complacido, sin saber que ha olvidado traer la llave.

Lo que transmite la cultura

Es la estupidez y superficialidad de algunos de nuestros antepasados lo que nos castiga, así como las dotes de los más sabios nos ofrecen oportunidades.

El rechazo de valiosos materiales por parte de los estúpidos en el pasado, causó un deterioro en la expresión y terminología tradicionales. Cuando esto sucede, la cultura se vuelve incapaz de comunicar experiencias porque no posee los medios para hacerlo: ningún esquema, y un lenguaje mutilado. El pensamiento se estabiliza a sí mismo torcidamente, como un organismo que ha compensado la pérdida de una de sus partes.

Los daltónicos no pueden distinguir algunos colores.

Momento, lugar, forma

Olvida las fábulas de pensamiento ritualizado, para que puedas recordar:

La cosa justa dicha en el momento apropiado de la forma correcta casi nunca será la cosa popular en el momento popular de la manera convencional.

Mucho conocimiento es ignorado, descartado o combatido, porque aparentemente no proviene de una fuente esperada, proyectado de una forma deseada, presentado de una manera cómoda o elegantemente incómoda.

Fuera de contexto

A menudo la gente cita cosas fuera de su marco o contexto original.

"Contexto" significa "entretejido". Mucha lana está entretejida con algodón. Pero la coexistencia de la lana y el algodón no ilumina necesariamente el significado de ninguno de los dos.

No es aconsejable citar algo fuera de su marco o contexto correcto.

Es igualmente desaconsejable, aunque muy común, que las cosas se estudien en un contexto viejo que desde un principio era inadecuado para ellas.

Tolerancia

La tolerancia y el intento de entender a los demás, hasta hace muy poco un lujo, se han convertido hoy en una necesidad.

Esto es así pues, a menos que nos demos cuenta de que nosotros y los demás nos comportamos generalmente como lo hacemos debido a prejuicios inculcados sobre los cuales no tenemos control (mientras imaginamos que son nuestras propias opiniones), quizá hagamos algo que cause la destrucción de todos nosotros.

Entonces no tendremos tiempo en absoluto para aprender si la tolerancia es una cosa buena o mala...

Tibias y brazos

¿Por qué un perro hinca sus dientes en tu tibia y no en tu brazo?

Porque, como un observador podrá ver, la tibia está a su alcance: el brazo, no.

Esto, sin embargo, no evitará que el perro imagine que la tibia es una parte más vital que el brazo.

No hay opinión que sea más tenazmente sostenida que aquella que está en la mente de una persona que no tiene una opción real de sostener cualquier otra.

Sin embargo, las opiniones son generalmente sustitutos de lo que las opiniones pretenden ser.

Ten cuidado

Si un gato Manx te dice que está tratando de preservar su larga y hermosa cola, no tienes que creerle... especialmente si tienes ojos.

Certeza

¿Qué puedes hacer con una persona que dice que está absolutamente insegura de todo, y que está absolutamente segura de eso?

Oportunidad

La gente olvida que cuando se acepta una oportunidad, quizá no sea lo que creen que es. Una persona reconoce y acepta una oportunidad según el grado de persona que es, y si es una oportunidad correspondiente.

Fines

Estarás a la deriva mientras sigas creyendo que un medio es un fin.

Sociedad

Dices que esta sociedad llegará a su fin porque las sociedades siempre lo han hecho.

Me pregunto si han finalizado porque realmente no eran sociedades en absoluto.

Fama y esfuerzo

El esfuerzo hace famosos a algunos grandes hombres.

Un esfuerzo aún mayor les permite a otros grandes hombres permanecer desconocidos.

Prejuicio

Las personas no pueden manejar el prejuicio porque intentan lidiar con el síntoma. El prejuicio es el síntoma, las suposiciones erróneas son la causa.

"El prejuicio es hijo de la suposición."

Dejador

Escuchamos mucho acerca de los "dejadores"; tanto, de hecho, que la gente que habla sobre ellos ha logrado su objetivo eficazmente: evitar que tengamos tiempo para preguntar qué era aquello en lo cual tales personas estaban involucradas.

Gotas y vasos

Hablar de gotas y vasos es solamente una manera de abordar las cosas.

Si tienes suficientes vasos, no es necesario que el agua rebalse.

Optimista y pesimista

A veces un pesimista es apenas un optimista con información extra.

Talento

El talento es la presencia de la habilidad y la ausencia de la comprensión acerca de la fuente y el funcionamiento del conocimiento.

Historia no registrada

Un filósofo de tiempos antiguos, después de haber estado muerto durante siglos, accidentalmente descubrió que sus enseñanzas estaban siendo tergiversadas por sus sucesores vivientes.

Dado que aún era un individuo solícito y sincero, logró transportarse de nuevo a la vida común por un tiempo limitado.

Sin embargo, cuando finalmente llegó a la Tierra de los Humanos, la mayoría de la gente no podía creer que fuese realmente él.

Pero cuando hubo convencido a algunas personas de que realmente había retornado, algunos dijeron:

"Su capacidad de retornar aquí es mucho más interesante que sus ideas: ¿no lo puede ver?"

Así que no logró ningún progreso con ellos, y tuvo considerable dificultad para escapar de sus atenciones.

Las personas que advirtieron que realmente era él mismo, dijeron:

"¿No entiende usted que lo más importante no es lo que dijo o hizo, sino lo que *nosotros* creemos que dijo o hizo?"

"*Usted*, después de todo, es un transeúnte aquí. *Nosotros* somos permanentes".

¿Lo escuchaste?

¿Escuchaste alguna vez del hombre que se enteró de un cierto tesoro enterrado? Fue en un país donde se hablaba un idioma extranjero. Se le daría a quien respondiese exactamente a su descripción.

Un hombre amigable y bien intencionado se ofreció a enseñarle chino antes de partir.

Había pasado tanto tiempo aprendiendo el idioma, que pensó que sería buena idea invertir en un caballo para que lo llevase hasta el tesoro antes de que fuese demasiado viejo para disfrutarlo.

Pero cuando llegó allí, descubrió que el chino no era el idioma que se hablaba en ese país. Y cuando encontró el lugar y pudo comunicarse con la gente acerca del tesoro, dijeron:

"Por supuesto que puedes llevarte el tesoro, excepto por un pequeño detalle sobre el cual desgraciadamente no te has informado: el hombre que lo enterró excluyó específicamente de sus futuros poseedores a cualquiera que montase a caballo."

El primer simio y las bananas

Había una vez un mono que descubrió en una conversación que existía algo llamado bananas.

Esta información estimuló su afinidad innata por las bananas.

Durante años soñó con el día en que podría comer una.

Con el correr del tiempo un racimo de plátanos se cruzó en su camino.

Comerlas fue una experiencia sublime, tan maravillosa como había imaginado que sería.

Pero desde ese día en adelante fue infeliz: decidió que nunca más tendría la oportunidad de semejante estímulo, expectativa y plenitud como las que habían quedado atrás.

Debido a esta creencia, vivir con el simio se volvió imposible. Finalmente se recostó, y murió.

El segundo simio y las bananas

Había un simio que quería bananas más que cualquier otra cosa.

Cuando finalmente consiguió una, su sabor colmó sus más altas expectativas.

La próxima vez que se le ofreció una, sin embargo, no pareció tener en absoluto buen sabor.

De hecho, su experiencia original de comer banana había estado compuesta por nueve décimos de expectativa y un décimo de banana.

Por eso, cuando esta vez probó la banana, la escupió diciendo:

"*Esto* no es lo que yo llamo una banana. ¡Evidentemente alguien está intentando engañarme!"

Pasó casi el resto de su vida tratando de encontrar el tipo justo de banana.

Por último decidió que su primera banana había sido única, y entonces abandonó la búsqueda.

Muerte

Un hombre dijo una vez:

"¿La muerte? Eso es algo en lo que creeré cuando tenga alguna evidencia de ello."

Fue a la cima de una montaña para meditar, y se negó a ver o escuchar a cualquier criatura viviente dado que sus investigaciones sobre la muerte eran de suma importancia para él.

Eso fue hace miles de años.

Dado que nadie ha vuelto a escuchar de él, no se sabe si aún está vivo o no.

Incluso la historia se ha olvidado de él; lo que demuestra cuán ingrata es la humanidad con sus heroicos investigadores.

Evolución

En cierto bosque los monos solían arrojar palos para hacer que la fruta cayera de los árboles. Pero, tal como en cierto momento habían adquirido ese arte, eran lo bastante capaces para desarrollarse más allá de esta etapa.

Una mañana, cierto mono vio que una araña había tejido una telaraña y podía llegar a su alimento correteando sobre ella. "*Esa* es una forma avanzada de hacer las cosas", se dijo el primate.

Entonces le preguntó a la araña cómo hacerlo. Cuando no hubo respuesta, mató al arácnido con un golpe impaciente. Luego describió la idea a sus compañeros. Pasaron una enorme cantidad de tiempo probando varios tipos de telas fabricadas con enredaderas, cortezas, incluso con saliva. Escuelas de pensamiento e institutos de estudio parloteantes basados en la viabilidad de esta técnica crecieron...

Pero para entonces se había gastado una tarde completa, y los monos estaban otra vez hambrientos. Pronto oscurecería.

Uno por uno se alejaron en busca de palos apropiados para tirárselos a los cargados árboles...

Arenilla

"Lo que te place llamar meramente arenilla", dijo la ostra, "es en realidad algo muchísimo más complejo."

"Es un problema socio-psicológico de énfasis siempre cambiante y de relevancia verdadera para las circunstancias contemporáneas.

"Hablar de él en términos de un 'proceso' es tratar de burlarse de toda la herencia intelectual y académica de las ostras.

"Ninguna ostra podría tener paciencia contigo."

Preocupado

Un mosquito zumbaba alrededor de la oreja de un tigre.

El tigre, de vez en cuando, sacudía su cabeza o levantaba una garra hacia su oreja.

Otro insecto que volaba por ahí observó por un momento. Luego le dijo al mosquito:

"Jamás sobrevivirás si te acercas lo suficiente para saborear la sangre del tigre."

"No tengo la intención de probar", dijo el mosquito, "pero lo he preocupado, ¿no?"

La verdad

De vez en cuando pondera si inconscientemente estás diciendo:

"La verdad es lo que casualmente estoy pensando en este momento."

Conocimiento común

Cuanto más observas el "conocimiento común", más adviertes que es muy probable que sea común y no que sea conocimiento.

Ningún conocimiento real es común.

Dos religiones

Pregunté a una autoridad venerable:

"¿Cómo llamaría usted a estas creencias? 'El hombre nació para sufrir, pues él tiene que sufrir para volver a nacer'."

Dijo:

"Esto es Cristianismo, sin ninguna duda."

Entonces le formulé la misma pregunta a otro gurú igualmente venerable.

Su respuesta fue:

"Esa afirmación resume la filosofía espiritual del Hinduismo."

La vida *es* difícil, ¿no?

Expectativa

Si de vez en cuando abandonas la expectativa, serás capaz de percibir qué es lo que estás recibiendo.

Dando y tomando

Si das lo que puede ser tomado, no estás dando realmente.

Toma lo que te es dado, no lo que quieres que te sea dado.

Toma lo que es dado; da lo que no puede ser tomado.

Vida y desilusión

Al ver una anciana de evidente serenidad y conocimiento sentada frente a mí en un tren, me incliné hacia adelante y le pregunté:

"¿Qué sabiduría me puede transmitir?"

Ella dijo:

"Joven, lo único que tengo para decir, ¡es que la vida para mí ha sido una gran desilusión!"

Tentador

La gente se pregunta por qué, como ellos dicen, las enseñanzas de Oriente seducen. Generalmente es porque una vez que podemos observar que la gente se ha vuelto tentada, no están todavía listas para la verdadera comprensión.

¿Cómo puedes ser tentado por algo que en sí mismo no es apetitoso, si tú mismo no eres codicioso?

¿Qué aprendiste?

Por favor, no empieces otra vez con qué estudiaste, cuánto tiempo le dedicaste, cuántos libros escribiste, qué pensó la gente de ti... sino: *¿qué aprendiste?*

Derechos

Un hombre celoso de sus propios derechos lo manifiesta ocultamente trabajando para sí mismo, al luchar por los derechos de los demás.

La debilidad de tal situación es que la gente aún no se ha dado cuenta de que los derechos basados en cualquier tipo de celos, no valen la pena.

Gente e ideas

El diablo le dijo al erudito:

"¿Por qué no te haces maestro de un campo completo de estudio, para que la gente pueda ser guiada por ti desde la ignorancia total hacia un conocimiento relativo?"

El erudito dijo:

"Me agrada la idea, pero no la persona que la sugirió."

"Eso me basta", dijo el diablo, "pues la gente olvida fácilmente a la persona apenas pueden hacer uso de una idea."

Para seres extraterrestres

Cuando el ser humano dice:

"No es verdad…"

Puede que quiera decir:

"No sé acerca de ello, así que creo que es falso."

O:

"No me gusta."

Decisiones

La gente que "no puede tomar decisiones" está en tal estado porque han tomado la decisión de no tomar decisiones.

Son indecisos porque en primer lugar han sido demasiado decididos.

La consecuencia de la determinación precipitada debe ser desactivada si la condición de incertidumbre ha de ser superada.

Grande y pequeño

La única desventaja de ser demasiado grande para cosas pequeñas es que lo hace a uno demasiado pequeño para las grandes.

Demasiado grande para la información es igual a demasiado pequeño para el conocimiento.

Demasiado grande para aprender significa demasiado pequeño para entender.

Cuando alguien dice: "*Yo* estoy por encima de *eso*", puedes estar seguro de que *eso* está por encima de *él*. No porque eso deba estar por encima de él, sino porque si él estuviese por encima de ello, no lo diría.

Agua más húmeda

Todos conocemos a gente que quiere agua más húmeda.

Necesitan darse cuenta de que el agua está allí para ser húmeda como el agua.

Estar de acuerdo con las primeras suposiciones de dicha gente es hipocresía o ignorancia. Intentar humedecer el agua para ellos es una estupidez.

Turismo

Un turista es una persona que va a un lugar que originalmente valía la pena visitar. Él está indudablemente dotado de poderes sobrenaturales, porque después de estar suficientemente expuesto al turista, los habitantes comienzan a odiar el lugar.

Juguetes

La gente solía jugar con juguetes.
Ahora los juguetes juegan con ellos.

Recordando y olvidando

No te has olvidado de recordar: te has
acordado de olvidar.

Pero la gente puede olvidarse de
olvidar. Eso es tan importante como
acordarse de recordar; y por lo general
más práctico.

Avanzado

Lo que a veces se considera inteligente es,
con significativa frecuencia, meramente
una forma avanzada de estupidez.

Encogimiento

El agua encoje la lana, la urgencia encoje el tiempo.

El encogimiento puede ser una ventaja o lo opuesto, según la expectativa.

Contra Dios

Qué curioso es que la gente esté más interesada en acusarme de que yo estoy "en contra de Dios", que en la cuestión de si Dios está en contra de *mí*.

El traje nuevo del emperador

No siempre es cuestión de si el emperador no lleva ropa puesta. A veces es: "¿Es eso realmente un emperador?"

Digestión

En vez de darle a uno un tracto religioso, la gente interesada en ese tipo de cosas debería asegurarse primero de que el receptor tenga un tracto *digestivo*, para ser capaz de absorber el contenido real de los materiales espirituales.

Pensamiento versátil

Mientras uses pensamientos que te atraen o te repugnan con el solo propósito de estimularte, apenas estás vivo a medias. También estás cooperando en mantenerte bien entrenado para ser condicionado por otros.

¿Qué te crees que soy?

El hombre más estúpido que he conocido tenía un dicho favorito.

Era:

"¿Qué te crees que soy: estúpido... o qué?"

Pereza

La pereza de la adolescencia es un ensayo para la incapacidad de la vejez.

La búsqueda del maestro

A Musa Najib le preguntaron por qué les cobraba honorarios a aquellos que asistían a sus sesiones, y por qué a menudo ni siquiera se dirigía a su público. Dijo: "Cobro por esta lección objetiva: la gente cree que el conocimiento debe darse gratis, y por lo tanto confunde todo lo que es gratis con el conocimiento. No siempre doy conferencias porque, entre los Sufis, 'El Maestro encuentra al discípulo'. El discípulo tiene que estar presente físicamente, pero puede estar ausente en cualquier otro sentido. Cuando percibo que un discípulo está 'presente', entonces lo 'encuentro', pues su llamado interior es audible para mí, incluso aunque sea silencioso para él."

"Busca y serás hallado."

Un pedido

Si disfrutaste este libro, por favor deja una reseña en Goodreads y Amazon (o donde quiera que hayas comprado el libro).

Las reseñas son el mejor amigo de un escritor.

Para estar al tanto de las novedades acerca de nuestros próximos lanzamientos o noticias de la Idries Shah Foundation, apúntate a nuestra lista de correo:

http://bit.ly/ISFlist

Y para seguirnos en las redes sociales, usa cualquiera de los siguientes enlaces:

https://twitter.com/IdriesShahES

https://www.facebook.com/IdriesShah

http://www.youtube.com/idriesshah999

http://www.pinterest.com/idriesshah/

http://bit.ly/ISgoodreads

http://fundacionidriesshah.tumblr.com

https://www.instagram.com/idriesshah/

p://idriesshahfoundation.org/es

www.ingramcontent.com/pod-product-compliance
Lightning Source LLC
Chambersburg PA
CBHW021923040426
42448CB00008B/892